KLASSISCHE & MODERNE
REZEPTE AUS NAMIBIA

E V E R T   K O R N M A Y E R

KLASSISCHE & MODERNE REZEPTE AUS NAMIBIA

ÜBER 200 REZEPTE AUS DEN KÜCHEN DER FARMEN, RESTAURANTS UND DEN LAGERFEUERN IM SÜDWESTEN AFRIKAS.

Essen & Trinken in Namibia

\- -

Mehr als 200 Rezepte aus Namibia

\- -

Allgemeine Informationen über Land und Leute

\- -

Liste der Bezugsquellen für Produkte aus Namibia

\- -

Tipps zur Auswahl & Verwendung der Zutaten

\- -

Glossar der Namibischen Küchenbegriffe

\- -

Ausführliches Rezept-Register

\- -

Index

VERLAG GEBRÜDER KORNMAYER, Dreieich

4. Auflage Mai 2007
3. Auflage März 2006
2. Auflage November 2004
1. Auflage November 2002
http://www.kornmayer.net
ISBN 978-3-9808785-4-8

Gesamtkonzeption: Gebrüder Kornmayer
Rezeptredaktion: Evert Kornmayer
Textredaktion: Evert Kornmayer,
Redaktionelle Mitarbeit: Heike Winter, Regina Löffler
Umschlag, Graphiken und Gestaltung:
Evert Kornmayer
Bilder:
Markus Fries: 10,11,23,37,51,93,107,119,127,142,145, 153,165,171,173,177,185,191
Namibian Tourism Board: 8,32,41,49,54,56,58,68,71,76, 91,105,117,122,125,130,137,140,150,166,169,203
Druck: Tavasli, Istanbul (Türkei)

Die Deutsche Bibliothek - CIP-Einheitsaufnahme. Ein Titelsatz dieser Publikation ist bei der Deutschen Bibliothek (Frankfurt) erhältlich.

Es gibt keine aufrichtigere Liebe als die zum Essen.
There is no sincerer love than the love of food.

George Bernard Shaw (1856 - 1950)

Namibia:
Das Erlebnis einer Legende!

Lassen Sie sich faszinieren von der Küche dieses einmaligen Landes am Wendekreis des Steinbocks.

Danksagung
an das Namibia Tourism Board Europa für die Unterstützung bei der Erstellung dieses Buches.

Namibia Tourism

Zu diesem Buch

E. Kornmayer

Bisher gibt es nur sehr wenige Kochbücher, die einen Überblick über die Köstlichkeiten zwischen dem Etosha National Park und dem Fish River Canyon vermitteln. Namibia vereint in seinen weiten Landschaften viele Kulturen, deren Sprachen Englisch, Ovambo, Deutsch, Herero, Afrikaans und Nama sind. Diese Vielfalt spiegelt sich auch in der Küche wieder, denn die Küche im Südwesten Afrikas hat viel mehr zu bieten als Maisbrot oder Maisbrei.
Gegrilltes Rind- und Lammfleisch, deftige Gerichte, Wild wie Kudu, Oryx, Springbock oder Strauß stehen ebenso auf der Speisekarte, wie Kuchen oder Wurst, Bier gebraut nach deutschem Reinheitsgebot und gegrillte Bratwurst zum Oktoberfest in Windhoek. Grüner Spargel kommt aus Swakopmund und in der Kalahari-Wüste werden Trüffel gesammelt. An der Küste gibt es frische Austern, Hummer oder gegrillte Spezialitäten vom Hai.

So bietet dieses Buch eine Auswahl der populärsten Rezepte und moderne Interpretationen der Landesküche, gewürzt mit der Exotik Afrikas. Dieser authentische Querschnitt durch die Küche Namibias ist für Kochprofis, die etwas Neues ausprobieren möchten sowie für Anfänger bestens geeignet. Die Rezepte sind leicht nachzukochen und benötigen meist nur eine kurze Vorbereitungszeit.
Generell handelt es sich um ansprechende, leicht realisierbare Rezepte, die den Namibialiebhaber durchaus in den siebten kulinarischen Himmel bringen. Wem dann manche Gerichte doch zu exotisch erscheinen (z.B. gebackene Stachelscheinhaut oder Mopane Raupen), kann alternative Zutaten verwenden oder zu den vegetarischen Gerichten wechseln.

Bei der Übersetzung wurde großen Wert darauf gelegt, sämtliche Rezepte originalgetreu wiederzugeben.

Viel Spaß und guten Appetit!

Evert Kornmayer
Frankfurt, den 16. März 2006

Grußwort

Maureen Posthuma

„Liebe Leserinnen und Leser,
liebe Freunde der kulinarischen Genüsse,

wir freuen uns, über die dritte Auflage des Namibia-Kochbuchs, das eine schöne Einführung in die klassische und moderne Küche Namibias gibt und jede Menge köstliche Rezepte zum Nachkochen präsentiert.

Namibia gilt als das Land der Kontraste: Die älteste Wüste der Welt mit ihren grandiosen Sanddünen, die wilde Atlantikbrandung an der 1500 Kilometer langen Küste, die tropischen Feuchtgebiete im Caprivi und nicht zuletzt die atemberaubende Tierwelt machen jede Reise nach Namibia zu einem Erlebnis der Gegensätze.

Auch kulinarisch wartet das Land im südlichen Afrika mit geschmacklicher Vielfalt auf. Die 12 verschiedenen Völker sowie die europäischen Einflüsse spiegeln sich in den Geschmackswelten wider. Köstliche Wildgerichte, zum Beispiel gegrillter Kudu, Oryx oder Springbock, wohlschmeckende Butternut (Flaschenkürbis), der mit exotischen Gewürzen verfeinerte „Potjiekos" (landestypischer Eintopf) oder die leckere „Melktert" gehören zu den Spezialitäten des Landes. Namibia ist auch für seine Delikatessen berühmt: Erlesener Kalahari-Trüffel, zarter grüner Spargel und vorzügliche Austern- und Fischgerichte verwöhnen den anspruchsvollen Gaumen. Edlen Genuss bieten auch die schmackhaften Omajova-Pilze, die nur nach heftigen Regengüssen am Fuße von Termitenhügel wachsen.

Sollten Sie beim Kochen Appetit auf das wahre Namibia bekommen haben, heißen wir Sie herzlich willkommen im Süden Afrikas. Genießen Sie den Luxus der Weite und der Stille und lassen Sie sich von der unberührten Schönheit der Natur in den Bann ziehen. Gerne senden wir Ihnen detaillierte Informationen zu. Sie erreichen unser Namibia-Team in der Schillerstraße 42 – 44 in 60313 Frankfurt am Main, Tel. 069 – 13 37 36 0, Fax 069 – 13 37 36 15, E-Mail: info@namibia-tourism.com. Viele hilfreiche Informationen zum Land, zur Reiseplanung und den verschiedenen Regionen und Unterkünften des Landes finden Sie auch im Internet unter: www.namibia-tourism.com.

Viel Freude beim Kochen

wünscht Ihnen
Ihre

Maureen Posthuma
Namibia Tourism Board Europa

Die Bilder

Markus Fries fotografiert seit seinem 15. Lebensjahr Landschafts- und Tiermotive. Bereits seine Eltern förderten seine Leidenschaft von der frühen Jugend an und als er eigene Reisen in ferne Länder mit seiner Frau Heike unternahm, wurde die Fotografie zur Passion.

„Namibia haben wir 3 Wochen lang mit einem Geländewagen bereist, eigentlich viel zu wenig Zeit für ein so traumhaftes Land und erst recht zum Fotografieren."

Das Bild entstand bei bester Stimmung in der Canyon Lodge/ Namibia.

Inhalt

Einleitung

Rezeptteil

Anhang

Einleitung

Essen & Trinken in Namibia

Namibias Küche hat einiges zu bieten und einheimische Köche und Hausfrauen machen das Allerbeste aus dem, was das Land zu bieten hat. Fleisch wie Rind, Schaf und Wild (Kudu, Springbock, Oryx, Zebra, etc.) stehen auf der Speisekarte, sowie frische Meerestiere wie Kabeljau, Hai, Felshummer, Krebse und Austern aus Lüderitz und Swakopmund. Als Beilagen werden Kartoffeln, Mais oder Kürbis gereicht. Grüner Spargel kommt ebenfalls aus der Küstenstadt Swakopmund, wo er im Flussbett des Swakop wächst. Nach längeren Regenfällen werden Omajova-Pilze frisch an den Termitenhügeln geerntet und eine weitere Delikatesse sind Kalahari-Trüffel aus der Wüste im östlichen Teil Namibias. Kulinarische Neuheiten der Landesküche sind Straußenfilets und Krokodilsteaks.

Weit verbreitet sind Eintopfgerichte der Buren aus Südafrika, der „Potjiekos". In einem gusseisernen dreifüßigem Topf wird auf offenem Feuer würziges Fleisch von Rind, Hähnchen oder Fisch gegart.

Traditionelle deutsche Gerichte sind ein wichtiger Bestandteil der Landesküche geworden. In den Restaurants und Läden wird eine große Auswahl verschiedener Wurst- und Brotsorten sowie ein reiches Sortiment an Süßwaren geboten. Zum Frühstück gibt es im ganzen Land Brötchen, belegt mit Käse, Eiern, Fleisch oder Salat. Landjäger, Biltong (luftgetrocknetes Fleisch) und Droewors sind schmackhafte Snacks für zwischendurch. Gegrillte Haxe, Würstchen und Bier gibt es auf dem alljährlichen Oktoberfest in Windhoek, wo auch ganz nach dem Münchner Vorbild zur Blasmusik geschunkelt wird. An vielen Orten gibt es Bäckereien und Konditoreien, wo man frische Brötchen und Schwarzwälder Kirschtorte, Apfelstrudel oder Bienenstich bekommt.

Das Bier wird nach dem deutschen Reinheitsgebot von 1516 gebraut und ist Teil der namibischen Lebensart. Das leichte und gutbekömmliche Hansa oder Windhoek Lager schmeckt besonders vom Fass sehr erfrischend. Gute Weine kommen aus Südafrika oder von Colombard, der Kristall Kellerei Winery in Omaruru, dem ersten und einzigen Weinkeller in Namibia.

Schwarzafrikanische Gerichte wie Milipap (Maisbrei) oder Hirsebrei, Maisbrot oder Kuhmilchprodukten haben in der Landesküche ebenfalls einen hohen Stellenwert.

Braaivleis heißt das traditionelle und sehr beliebte Grillvergnügen im Freien. Auf jeder Farm und jedem Campingplatz findet man hierfür eine Feuerstelle. Es wird oft als das eigentliche Nationalgericht bezeichnet. Neben Steaks und Koteletts ist die „Boerewors" eine ständige Begleiterin des „Braaivleis". Die grobe Bratwurst besteht aus einer Mischung von Rind-, Hammel und Schweinefleisch, gewürzt mit Koriander, Muskat, Pfeffer, Salz und Essig.

Braaivleis

Eine exotische Besonderheit sind Mopane Raupen, die über dem offenen Feuer geröstet werden und mit verschiedenen Saucen gegessen werden.

Lassen Sie sich verzaubern von den Gerichten aus Namibia, der Perle Afrikas!

Namibia, die Perle Afrikas!

Namibia - ehemals Deutsch-Südwest-Afrika - war nur wenige Jahre Deutsche Kolonie (1885-1915), aber die Spuren sind fast überall noch gegenwärtig. Deutsch ist zwar nicht mehr die dritte offizielle Amtssprache, doch ist sie unter der weißen Bevölkerung mit 35% (60% Afrikaans) immer noch weit verbreitet. Die weiteren Sprachen sind Ovambo, Herero und Nama. Die ersten Europäer, die in die Gegend kamen, waren jedoch die Portugiesen. Das Kreuzkap nördlich von Swakopmund ist dafür heute noch Zeugnis. Von 1915 an war Namibia südafrikanisch besetzt, bis es am 21.03.1990 die Unabhängigkeit erlangte.

Namibia ist Afrika, mit seinen freundlichen Menschen, den weiten Dornsavannen, Mopane Buschland, Wüsten, Gebirge, Schluchten, Wasserfällen, Makalani Palmen, Baobabs und mit seinen Löwen, Elefanten, Zebras und Giraffen. Ein Naturerlebnis, welches in seiner Vielfalt nirgendwo sonst auf der Welt zu entdecken ist.

Name:
Republic of Namibia. Der Name leitet sich von der Wüste Namib ab, die den gesamten Küstenraum des Landes einnimmt.

Bevölkerung:
86% Afrikaner (Ovambo, Kavango, Herero, Damara, Nama, Caprivia, San, Baster, Tswana), 7,4% Mischlinge, 6,6% Weiße

Fläche:
824 292 qkm (das 33. größte Land der Welt)

Einwohner: 1.800.000

Hauptstadt: Windhoek

Sprache:
Englisch ist seit der Unabhängigkeit einzige Amtssprache.

Fauna:
Namibia zählt zu den wildreichsten Ländern in Afrika. Darunter Giraffen, Elefanten, Zebras, Leoparden, Geparden, Paviane, Kudu-Antilopen, Springböcke, Löwen, Greifvögel, Pelikane, Flamingos und Seelöwen. Insgesamt sind heute rund 120.000 Quadratkilometer Naturschutzgebiet, ca. 15% der Gesamtfläche Namibias. Es gibt in Namibia viele Schlangenarten, auch einige giftige. Touristen bekommen sie in freiher Wildbahn kaum zu sehen, da sie sehr scheu sind und bei der geringsten Bodenerschütterung flüchten.

Flora:
Sie reicht von Wüsten- und Halbwüsten-Vegetation bis hin zu immergrüner randtropischer Vegetation.

Klima:
300 Sonnentage im Durchschnitt, Temperatur in den Wintermonaten 20 °C, in den Sommermonaten bis zu 40 °C. Das Klima ist im allgemeinen heiß und sehr trocken, periodische Regenfälle bleiben meist auf den Norden beschränkt.

Verkehr:
5.000 Kilometer Teerstrassen, 40.000 Kilometer Schotter- und Sandstrassen. Eine Besonderheit für Europäer sind die Four-Way-Stop Kreuzungen. Hier gilt, wer zuerst an die Kreuzung war, fährt als Erster und wenn nötig verständigt man sich mit den anderen Fahrern an der Kreuzung über die Reihenfolge. Das Eisenbahnnetz umfasst etwa 2.000 km Strecke und ist im Süden an das südafrikanische Streckennetz angeschlossen. Mehrere Fluglinien fliegen Windhoek an, einige davon täglich. Die Flugzeit ab Frankfurt beläuft sich bei einem Direktflug auf 9 bis 10 Stunden.

Diamanten:
Namibia ist nicht der Ursprungsort für den Diamantenreichtum des südlichen Afrikas. Aus mehreren tausend Kilometer Entfernung wurden die Diamanten über die Flüsse an die Westküste getragen, wo man sie im Sand und in Brandungszone des Atlantiks findet.

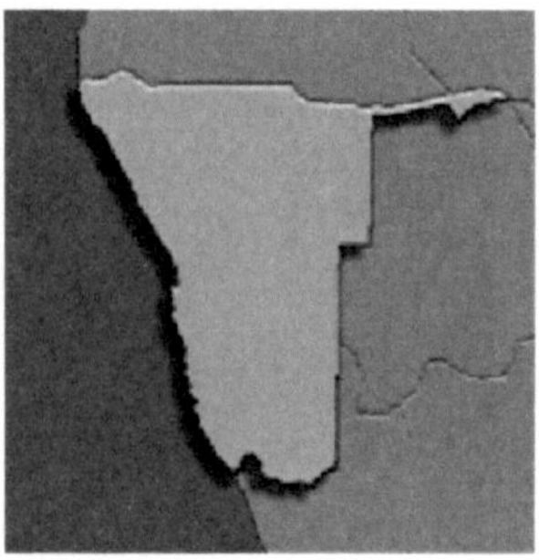

Landkarte

Afrika &
Namibia

Auswahl & Verwendung der Zutaten

· Um den typischen Geschmack der Namibischen Küche zu erreichen, sollte beim Zusammenstellen der Zutaten darauf geachtet werden, wenn möglich die Zutaten aus Namibia zu bekommen. Dies gilt ganz besonders für das Bier, welches man in gut sortierten Getränkemärkten findet. Gemüse, Obst, Straußen- oder Springbockfleisch findet man mittlerweile in den Regalen unserer Supermärkte. Das Internet bietet eine weitere Möglichkeit, die Lieferanten für Spezialitäten zu finden. Einen entsprechenden Bezugsquellennachweis findet man im Anhang. Omajova oder Crayfish sucht man aber wohl vergebens. Für solche Produkte nennen die Rezepte Alternativen, welche dem Original-Geschmack möglichst nahe kommen.

· Im Vorfeld sollte man die Garzeiten planen und Rückschlüsse ziehen, wann z.B. der Braten in den Ofen und die Kartoffeln aufgesetzt werden müssen.

· Die Zutaten sollten stets frisch und reif sein.

· Zitrusschalen: Wenn geriebene Schalen von Zitrusfrüchten (z.B. Zitrone, Orange) verwendet werden, sollten diese nur von unbehandelten (ungespritzten) Früchten stammen. Immer die Früchte unter heißem Wasser gut abbürsten!

· Bei der Verwendung der Zutaten wird generell davon ausgegangen, dass Gemüse vor der Verwendung gewaschen, bzw. geschält wird. Fleisch wird pariert, was bedeutet, dass Sehnen, Haut und überschüssiges Fett abgeschnitten werden. Meeresfrüchte bürsten, putzen und wenn nötig den Darm entfernen. Die Fische schuppen, etc. Dies wird meist in den Rezepten nicht extra erwähnt.

· Beilagen, Saucen und Vorschläge zur Dekoration der Speisen findet man i.d.R. am Ende das Rezepts. Die Zutaten hierfür werden in der Zutatenliste nicht aufgeführt. Oft findet man die Rezepte für Beilagen und Saucen in den Kapiteln „Gemüsegerichte & -beilagen“ sowie „Saucen & Marinaden“.

Alternative Zutaten

Namibisches Wild:	Reh, Hirsch oder Wildschwein
Omajova-Pilze:	weiße Champignons
Kalahari-Trüffel:	weiße Trüffel aus Frankreich/Italien
Swakop-Spargel:	grüner Spargel aus Europa
Felsenhummer:	Languste (oder Hummer)
Biltong:	Bündner Fleisch, dicke Scheiben

Maßeinheiten und Mengenangaben

Der Erfahrung nach können Mengenangaben und Garzeiten nur ungeführe Angaben sein. Die unterschiedliche Beschaffenheit der Zutaten, die verschiedenen Gegebenheiten der Küchen - von der Pfanne bis zum Backofen - und auch der individuelle Geschmack lassen ein präzises Abschmecken und Garproben unabdingbar werden. Bei allen Rezepten sollte die Köchin oder der Koch seine Erfahrung im Umgang und Bereiten von Speisen einfließen lassen.

Die Mengen sind nach dem metrische System angegeben:

kg = *Kilogramm*
g = *Gramm (1000 g = 1 kg)*
L = *Liter (Achtung: „L" statt „l")*
cl = *Centiliter (1 cl = 10 ml)*
ml = *Milliliter (1000 ml = 1 L)*
EL = *Esslöffel = ca. 15 g*
TL = *Teelöffel = ca. 7 g*

Weitere Mengenangaben:

Prs. = *Prise (Menge, die sich zwischen Daumen und Zeigefinger befindet)*
Msp. = *Messerspitze (Menge, die auf der Spitze eines Besteckmessers Platz hat)*
Pkg. = *Packung, Päckchen, Tütchen (z.B. Vanillezucker)*
°C = *Grad Celsius (100 °C = 212 °Fahrenheit)*
Ø = *Durchmesser*

Rezeptteil

Vorspeisen & Zwischengerichte

Gepard

Omelett mit Kalahari-Trüffeln

Zutaten für 2 Portionen:

6 Eier (oder ¼ Straußenei)
1 Trüffel (30 g)
1 Prs. Salz
20 g Butter
Olivenöl
Pfeffer aus der Mühle
Salz

Zubereitung:

Die Eier mit den gebürsteten Trüffel zwei Tage in einem gut verschlossenem Glas im Kühlschrank aufbewahren. Die Eier verquirlen. Die Trüffelschale abreiben und zu den Eiern geben. Die Hälfte der Trüffel in kleine Würfel, die andere Hälfte in hauchdünne Scheiben schneiden und ein wenig pfeffern. Die Butter bei schwacher Hitze in einer Kasserolle schmelzen. Die Eier zugeben, die Masse ständig mit einem Holzlöffel umrühren und dabei darauf achten, dass die Eimasse nicht am Kasserollenrand kleben bleibt und anbrennt. Die Trüffelscheiben und -würfel auf einem Teller verteilen, mit Öl beträufeln und mit etwas Salz bestreuen. Mit dem Ei anrichten und servieren.

Swakopmund

Straußen-Carpaccio

Zutaten für 4 Portionen:

150 g Straußenfilet
1 EL Olivenöl
einige Salatblätter
1 Zitrone, Saft davon
Pfeffer, grob gestoßen
Salz

Zubereitung:

Das Fleisch kalt abspülen und trocken tupfen. In Frischhaltefolie wickeln und 1 Stunde ins Tiefkühlfach legen. Anschließend das Fleisch in hauchdünne Scheiben schneiden. Vier Teller mit etwas Öl bepinseln, Filets darauf legen und mit dem restlichen Olivenöl beträufeln. Die Salatblätter klein zupfen, auf die Fleischscheiben legen und mit Zitronensaft beträufeln. Abschließend mit Pfeffer aus der Mühle würzen und ganz leicht salzen.

Überbackener Omajova-Toast

Zubereitung:

Die Toastbrotscheiben hell toasten. Die Pilze putzen und längs halbieren. Die Butter in einer Pfanne erhitzen und die Omajova-Pilze, die in feine Würfel geschnittene Zwiebel und die Schinkenwürfel darin kurz anschmoren. Mit dem Weinbrand ablöschen und anschließend die Crème fraîche sowie etwas gehackte Petersilie unterrühren. Die Omajova-Pilzmasse auf den Toastbrotscheiben verteilen und mit dem Käse bestreuen. Im Backofen bei eingeschaltetem Grill auf der mittleren Schiene etwa 10 Minuten überbacken.

Zutaten für 4 Portionen:

200 g Omajova-Pilze
50 g Schinkenwürfel
4 Scheiben Toast
10 g Butter
½ Zwiebel
1 EL Weinbrand
30 g Crème fraîche
Petersilie, gehackt
30 g Gouda, gerieben

Gnu-Carpaccio mit Rucola

Die Gnu–Gazelle wird in Namibia auch Hartebees genannt.

Zubereitung:

Die Tomate häuten, entkernen und in feine Würfelchen schneiden. Die Champignons putzen und in Scheiben schneiden. Das Salz und den Zucker mischen und das Fleisch damit bestreichen. 30 Minuten marinieren lassen. Dann gründlich waschen, trocken tupfen, in Frischhaltefolie eingeschlagen und im Gefrierfach leicht anfrieren. Herausnehmen und mit der Aufschnittmaschine in hauchdünne Scheiben schneiden. Zum Anrichten drei Viertel eines Tellers mit den Fleischscheiben belegen. Mit Olivenöl und Weinessig bepinseln und mit Salz und Pfeffer vorsichtig würzen. Das restliche Viertel mit Rucola und Champignons belegen, die Tomaten auf die Pilze geben und mit dem Thymian garnieren.

Zutaten für 4 Portionen:

200 g Gnufleisch (Rücken oder Nuss)
1 Handvoll Rucola-Salat
4 Champignons
1 Tomate
2 EL Meersalz
1 EL brauner Zucker
Olivenöl
Weinessig
3 Thymianzweige
Pfeffer aus der Mühle
Salz

Butterkürbissoufflé

Zutaten für 4 Portionen:

300 g Butterkürbis
125 ml Gemüsebrühe
20 g Butter
1 Eigelb
2 Eiweiß
Butter
Semmelbrösel
Pfeffer aus der Mühle
Salz

Zubereitung:

Das Kürbisfleisch in kleine Stücke schneiden. In der Butter mit Salz, Pfeffer und dem Gemüsefond dünsten. Anschließend durch ein Sieb passieren und weiter einkochen lassen. Dann etwas abkühlen lassen. Die Eier trennen und das Eigelb unterrühren. Das Eiweiß steif schlagen und vorsichtig unter die Masse ziehen. Die Soufflé-Formen buttern, die Semmelbrösel hineinstreuen und abgedeckt schütteln, so dass die Semmelbrösel an der Wand der Soufflé-Form verteilt werden. Die Masse in die Soufflé-Formen verteilen und diese im Wasserbad in den Ofen geben. 20 Minuten bei 200 °C pochieren.

Muffins mit Räucherlachs

Zutaten für 4 Portionen:

100 g Lachs, geräuchert
200 g Buttermilch
150 g Hüttenkäse
120 g Frischkäse
300 g Mehl
1 Pkg. Backpulver
1 Eier
1 TL Dill, fein gehackt
1 EL Petersilie, fein gehackt
1 EL Dill
1 TL Salz

Zubereitung:

In einer Schüssel Mehl, Backpulver und Salz vermischen. In einer weiteren Schüssel das Ei, die Buttermilch, den Hüttenkäse, die Petersilie und den Dill miteinander verrühren. Das Mehl hinzufügen und mit der Ei-Mischung verrühren, bis das Mehl gerade feucht wird. Nicht zu lange Rühren, da sich sonst ein Kleber entwickelt, der die Muffins hart werden lässt. Den Teig in ein gefettetes Muffinblech füllen. Eine Auflaufform mit Wasser füllen und in den Ofen geben. Der Wasserdampf macht die Muffins schön locker. Den Ofen auf 180 °C vorheizen. Das Blech auf der mittleren Schiene etwa 25 Minuten backen. Das Blech kurz auf ein feuchtes Tuch stellen, damit sich die Muffins leichter aus der Form lösen. Auf einem Rost abkühlen lassen. Den Deckel abschneiden, vom unteren Teil der Muffins etwas Teig aushöhlen und mit Frischkäse füllen. Den Räucherlachs zu Rosetten formen und auf den Käse legen. Dann den Deckel wieder auflegen.

Baguettescheibchen mit Ölsardinen

Bevorzugt Ölsardinen aus Walvisbay verwenden.

Zubereitung:

Die Ölsardinen aus den Dosen nehmen und das Öl abtropfen lassen. Die Knoblauchzehen schälen und im Mörser mit dem Zitronensaft, dem Salz und dem Pfeffer zerstoßen. Die Sardinen in eine kleine Schüssel legen und mit der Marinade beträufeln. Abgedeckt 30 Minuten marinieren lassen. Die Orange schälen und in sehr dünne Scheiben schneiden. Die gewaschenen Salatblätter in je 3 Stücke teilen. Die Baguettebrotscheibchen im Toaster oder im Backofen hellbraun anrösten. Die Tomaten in jeweils in 3 Scheiben schneiden. Die Baguettescheibchen auf die Teller verteilen. Die Salatblätter, dann die Orangenscheiben, die Ölsardinen und die Tomatenscheibchen darauf verteilen und mit kleinen Spießchen fixieren.

Zutaten für 6 Portionen:

18 Ölsardinen
18 Scheiben Baguette, dünn geschnitten
2 Knoblauchzehen
1 Zitrone, Saft davon
1 Orange
6 Cocktailtomaten
6 Salatblätter
schwarzer Pfeffer aus der Mühle
Salz

Walvisbay Sardinentoast

Zubereitung:

Die Sardinen aus den Dosen nehmen und falls nötig von der Haut und den Gräten befreien. Dann mit dem Öl einer Dose in eine Schüssel geben. Den Fisch mit einer Gabel zerdrücken. Die Zwiebel sehr fein hacken, unter die Sardinen rühren und mit dem Cayennepfeffer und etwas Salz abschmecken. Das Toastbrot toasten, diagonal halbieren und mit der Sardinenmasse bestrichen sofort servieren.

Zutaten:

3 Dosen Ölsardinen aus Walvisbay
Toastbrot
1 Zwiebel
Cayennepfeffer
Salz

The enigmatic Circles in the Plains of the Marienfluss

Swakop-Spargeltoast

Zutaten für 4 Portionen:

500 g Swakop-Spargel
4 Scheiben gekochter Schinken
4 Scheiben Gouda oder Chesterkäse
4 Scheiben Kastenweißbrot
2 Tomaten
Butter
zerlassene Butter
Petersilie, gehackt
Pfeffer aus der Mühle
Salz

Zubereitung:

Den Spargel putzen und im Salzwasser 10 bis 15 Minuten kochen. Im Sud abkühlen und sorgfältig abtropfen lassen. Die Spargelstangen halbieren. Die Brotscheiben toasten und mit Butter bestreichen. Mit den Schinkenscheiben, den Spargelstücken und den Käsescheiben belegen. Die Tomaten in Scheiben schneiden und darauf verteilen. Mit Salz und Pfeffer würzen, mit etwas zerlassener Butter beträufeln. Im vorgeheizten Backofen bei eingeschaltetem Grill gratinieren, bis der Käse zu schmelzen beginnt. Mit Petersilie garnieren und heiß servieren.

Parmesan-Spargeltoast

Zutaten für 4 Portionen:

1 kg grüner Swakop-Spargel
4 Scheiben Kastenweißbrot
100 g Butter
3 EL Parmesan, gerieben
Salz

Zubereitung:

Die Spargelstangen auf die Länge der Brotscheiben schneiden. Die Spargelstangen mit den Spitzen nach oben aufrecht in einen engen Topf stellen. Wasser zugießen, bis es knapp an die Spargelköpfe reicht. Etwas Salz hinzugeben und 10 bis 15 Minuten kochen, bis der Spargel gar ist. Herausnehmen und gut abtropfen lassen. In einer Pfanne die Hälfte der Butter erhitzen und die Brotscheiben darin auf beiden Seiten goldbraun braten. Eine Auflaufform mit etwas Butter ausstreichen. Die Brotscheiben in die Form geben, mit den Spargelspitzen belegen, den Parmesankäse darüber streuen und die restliche Butter in Flöckchen darauf verteilen. Im auf 200 °C vorgeheizten Backofen gratinieren.

Bus in der Wüste

Crostinis mit Haifischcrème

Zubereitung:

Das Haifischfilet, die Mayonnaise und den Zitronensaft mit dem Pfeffer im einem Mixer grob zerkleinern. Die Weißbrotscheiben rösten, die Masse auf die Baguettescheiben verteilen und mit Kapern garnieren.

Zutaten für 4 Portionen:

120 g Haifischfilet, gebraten oder gedünstet
2 EL Mayonnaise
1 EL Zitronensaft, frisch gepresst
6 Scheiben Baguette
Kapern zum garnieren
Pfeffer aus der Mühle

Lammleberpastete

Scheiben der Lammleberpastete sind eine vorzügliche Vorspeise. Sie werden auf einem Blatt Salat mit Baguette und Rotwein serviert.

Zubereitung:

Das Lammfleisch, den Speck und die Leber durch die feine Scheibe des Fleischwolfes drehen. In eine Schüssel mit dem Weinbrand vermischen. Die Zwiebeln sehr fein würfeln und mit dem frisch geriebenen Knoblauch und dem Thymian in Butter glasig dünsten. Dann unter die Pastete rühren. Mit Salz, Pfeffer, Nelkenpulver, Piment und Orangenschale würzen. Die Masse in eine Terrinenform mit einem Fassungsvermögen von einem Liter füllen und den Deckel auflegen. Alternativ kann auch eine Brot-Kastenform verwendet werden, welche mit Aluminiumfolie verschlossen wird. Den Ofen auf 200 °C vorheizen. Die Terrine in eine mit kochendem Wasser gefüllte Fettpfanne stellen und im Ofen auf der mittleren Schiene etwa 70 Min. backen. Dann den Deckel oder die Folie entfernen und weitere 10 bis 15 Minuten weiter backen. Die Lammleberpastete aus dem Ofen und der Form nehmen und auf einem Rost abkühlen lassen. Vor dem Servieren kühlen. Sie ist abgedeckt bis zu einer Woche im Kühlschrank haltbar.

Zutaten für 4 Portionen:

750 g Lammfleisch
250 g Lammleber
75 g weißer Speck
2 Zwiebeln
5 EL Weinbrand
1 Knoblauchzehe
1 EL Butter
1 TL Orangenschale, gerieben
1 EL Thymian
¼ TL Nelkenpulver
¼ TL Piment
Pfeffer aus der Mühle
2 TL Salz

Biltong mit Melone

Zutaten für 4 Portionen:

200 g Biltong, in dünne Scheiben geschnitten
2 Honigmelonen

Zubereitung:

Den Biltong hauchdünn schneiden bzw. schneiden lassen. Eine Melone halbieren. Daraus mit einem Melonenlöffel runde Stücke ausstechen. Diese mit den dünnen Biltong-scheiben dekorativ auf einen Teller legen. Mit Toastscheiben und Salat servieren.

Curryhuhn-Pasteten

Zutaten für 4 Portionen:

300 g Hähnchenbrustfilet
3 Platten Blätterteig
120 g Ricotta- oder Frischkäse
100 g saure Sahne
100 g Lauch
1 EL Öl
½ Zwiebel
1 EL Milch
1 Eigelb
1 EL Currypulver
1 TL Zitronensaft
1 Paprika, rot
1 Knoblauchzehe
1 EL gemischte Kräuter (Dill, Petersilie, Schnittlauch, Koriandergrün)
Pfeffer aus der Mühle
Salz

Zubereitung:

Die Blätterteigplatten 10 Minuten auftauen, falls man tiefgefrorene verwendet. Das Hähnchenbrustfilet in sehr kleine Würfel schneiden. Das Öl in einer Pfanne erhitzen und die Hähnchenwürfel darin kurz kräftig anbraten. Die Hitze reduzieren und die fein gewürfelte Zwiebel, den fein gehackten Knoblauch, Pfeffer, Salz und Curry zufügen. Etwa 3 Minuten schmoren lassen. Den Ricotta-Käse mit der sauren Sahne, den Kräutern und dem Zitronensaft in einer kleinen Schüssel verrühren. Die Paprikaschote waschen, entkernen und in feine Würfelchen schneiden. Den Lauch putzen und anschließend in dünne Ringe schneiden. Die Paprikawürfelchen und die Lauchringe unter die Crème rühren. Den Blätterteig mit etwas Mehl zu Rechtecken ausrollen und mit der Creme bestreichen. Den Rand dabei freilassen. In einer kleinen Schüssel das Ei mit der Milch verrühren und die Ränder damit einpinseln. Das Curryhuhn auf die Crème geben und die Pasteten zu Rechtecken zusammenlegen. Die Ränder mit einer Gabel andrücken. Mit der Nahtstelle nach unten auf ein mit Backpapier ausgelegtes Blech legen und mit der verbliebenen Ei-Milch einpinseln. Die Pasteten oben mit einem Spieß 10 bis 15 mal einstechen. Dann im vorgeheizten Ofen bei 200 °C auf der mittleren Schiene 25 Minuten backen.

Anglerfisch-Carpaccio

Zubereitung:

Den Anglerfisch in Aluminiumfolie wickeln und für mindestens zwei Stunden tiefkühlen. Ebenfalls 4 Teller vorkühlen. Zwei Limetten waschen und deren Schale in dünne, kurze Streifen (Juliennes) schneiden. Anschließend alle drei Limetten auspressen. Die rosa Pfefferkörner im Mörser zerstoßen. Den Seeteufel mit einem großen, sehr scharfen Messer oder einer Aufschnittmaschine in sehr dünne Scheiben schneiden. Auf den Tellern verteilen und mit Salz und dem weißen Pfeffer bestreuen. Mit dem Limettensaft beträufeln, jedoch etwas Saft für die Avocados zurücklassen. Die Limettenschale und den rosa Pfeffer über dem Carpaccio verteilen. Dann mit dem Öl beträufeln und abgedeckt in den Kühlschrank stellen. Die Avocados schälen, der Länge nach in Scheiben schneiden und je zwei Avocados auf einem Teller fächerartig anordnen. Zum Schluss die Avocados mit dem restlichen Limettensaft beträufeln. Das Carpaccio gut gekühlt mit Baguette und Butter servieren.

Zutaten für 4 Portionen:

500 g Anglerfisch, gehäutet (auch Seeteufel oder Lotte genannt)
8 Avocados, klein
3 Limetten
4 EL Olivenöl
1 TL rosa Pfefferkörner
weißer Pfeffer aus der Mühle
Salz

Perlhuhn-Salat

Zubereitung:

Den Apfel schälen, vierteln und das Kerngehäuse entfernen. Das Fruchtfleisch in kleine Würfel schneiden, in eine Schüssel geben und den Portwein darüber gießen. Den Pfirsich ebenfalls in Würfel schneiden und zum Apfel geben. Das Perlhuhnfleisch in mundgerechte Stücke schneiden und in eine Schüssel geben. Den Pfeffer darüber streuen und alles gut durchmischen. Die Sahne in einer weiteren Schüssel mit dem Handrührer steif schlagen und unter das Perlhuhn und die Früchte ziehen. Auf Teller verteilen und mit den Mandeln bestreuen.

Zutaten für 4 Portionen:

500 g Fleisch von einem gebratenen Perlhuhn
2 Pfirsiche aus der Konserve
1 Apfel
125 ml Sahne, steif geschlagen
1 EL Portwein
2 EL Mandeln, gerieben
Pfeffer aus der Mühle

Herero in Tracht

Ziegenkäse-Mousse

Der Ziegenkäse wird auf vielen Farmen produziert.

Zubereitung:

Den Ziegenkäse, die Eigelb und den Zucker im Schlagkessel über einem Wasserbad aufschlagen. Die zuvor gewässerte Gelatine hinzufügen und die Masse kalt schlagen. Die Sahne steif schlagen und unter die Masse heben. In eine oder mehrere Formen geben und im Kühlschrank ruhen lassen, bis die Masse fest wird. Dazu eine süße Beerensauce oder frisches Obst reichen.

Zutaten für 4 Portionen:

500 g Ziegenfrischkäse
8 Eigelb
85 g Zucker
4 Blatt Gelatine
100 ml Sahne

Mais-Salat

Zubereitung:

Die Mayonnaise mit dem Chutney in einer Schüssel verrühren. Den Mais abtropfen lassen, mit dem Hüttenkäse und den Gurkenwürfeln in die Schüssel geben und verrühren. Vier Salatschälchen mit den Kopfsalatblättern auslegen und den Maissalat hineingeben.

Zutaten für 4 Portionen:

2 Dosen Mais
1 Salatgurke, geschält, entkernt, klein gewürfelt
1 Becher körniger Frischkäse
4 EL Mayonnaise
2 EL Chutney
einige Blätter Kopfsalat zum Garnieren

Straußenei-Salat

Zutaten für 8 Portionen:

1 Straußenei
750 ml saure Sahne
300 g Schinken, in Würfel geschnitten
10 Essiggurken, in Scheiben geschnitten
1 GLas Mayonnaise
3 EL Zitronensaft
1 Bund Schnittlauch
Pfeffer aus der Mühle
Salz

Zubereitung:

Das Straußenei in einem Topf mit Wasser 1 ¼ Stunde hart kochen. Dann mit kaltem Wasser abschrecken. Die saure Sahne und Mayonnaise in einer Schüssel gut verrühren. Den Zitronensaft hinzufügen und mit Pfeffer und Salz abschmecken. Den Schnittlauch schneiden und die Hälfte des Schnittlauchs mit dem Schinken und der Gurke in das Dressing einrühren. Das Ei schälen und in Scheiben schneiden. Die Eierscheiben auf 8 Teller verteilen und das Dressing darübergießen. Mit dem restlichen Schnittlauch bestreuen.

Strammer Max

Zutaten für 4 Portionen:

4 Scheiben Graubrot
4-8 Scheiben Springbockschinken, geräuchert
4 Eier
Butter
4 Essiggurken
1 Tomate
Pfeffer aus der Mühle
Salz

Zubereitung:

Die Brotscheiben mit der Butter bestreichen und mit Schinkenbelegen. Die Butter in einer Pfanne erhitzen und die Eier als Spiegeleier darin braten. Die Eier, während sie noch flüssig in der Pfanne sind, mit Salz und Pfeffer würzen. Dazu eine Gurke und Tomatenscheiben legen. Statt dem Schinken kann auch dünn geschnittener Biltong verwendet werden.

Hoba Meteorit

Suppen

Düne im Sossusvlei

Hühnerkraftbrühe mit Kalahari-Trüffeln

Zutaten für 4 Portionen:

1 L Hühnerbrühe
100 g Hühnerfleisch
1 Bund Suppengemüse
4 g Kalahari-Trüffel, in Scheiben geschnitten
4 Eiweiß
etwas Trüffeljus
Pfeffer aus der Mühle
Salz

Zubereitung:

Die Hälfte des Suppengemüses in dünne Streifen für die Suppeneinlage schneiden und in kochendem Wasser vorgaren. Die zweite Hälfte durch einen Fleischwolf mit einer groben Scheibe drehen und mit den Eiweiß in die kalte Brühe geben und langsam unter Rühren aufkochen lassen. Wenn das Eiweiß stockt und nach oben steigt, nicht mehr umrühren. Sobald die Brühe anfängt zu kochen, die Hitze reduzieren und noch 30 Minuten ziehen lassen. Anschließend durch ein feines Sieb gießen. Die fertige Kraftbrühe mit Salz, Pfeffer und Trüffeljus abschmecken, die Gemüsestreifen zugeben, erwärmen und mit den Trüffelscheiben als Gar-nierung servieren.

Perlhuhnbrühe

Zutaten für 4 Portionen:

1 Perlhuhn, küchenfertig
1 Bund Suppengrün, gewürfelt (Karotte, Sellerie, Petersilie, Lauch)
200 g Omajova-Pilze, grob gehackt (alternativ: Champignons)
100 ml Weißwein, trocken
3 L Wasser
1 ganze Zwiebel, gehackt
1 Bund Basilikum
1 Knoblauchzehen
4 EL Olivenöl
3 Wacholderbeeren
1 Lorbeerblatt
5 Pfefferkörner
Pfeffer aus der Mühle
Salz

Zubereitung:

Das Olivenöl in einem Topf erhitzen und das Perlhuhn darin rundherum anbraten. Den Wein und soviel Wasser angießen, bis das Perlhuhn bedeckt ist. Die restlichen Zutaten bis auf das Basilikum hinzugeben und aufkochen lassen. Den Schaum abschöpfen, die Hitze reduzieren und bei geschlossenem Deckel eine Stunde köcheln lassen. Dann die Brühe durch ein Sieb abgießen, mit Pfeffer und Salz abschmecken und die in Streifen geschnittenen Basilikumblätter hinein geben.

Swakop-Spargelcremesuppe

Zubereitung:

Den grünen Spargel in 3 cm lange Stücke schneiden. 100 Gramm des Spargels und das halbe Brötchen in Salzwasser 15 Minuten kochen. Danach durch ein Sieb gießen. Das Spargelwasser mit Salz und Zucker würzen. Die Spargelstücke und die zweite Brötchenhälfte hineingeben. Sie nehmen dem Spargelwasser die Bitterstoffe. Das Wasser aufkochen lassen und etwa 15 Minuten bissfest kochen. Dann die Spargelstücke mit einer Schaumkelle heraus nehmen. Das Fett in einem Topf erhitzen und das Mehl darin hellgelb anschwitzen. Unter Rühren nach und nach mit dem Spargelwasser ablöschen. Die Sahne und die Milch hinzugeben, dann die Suppe mit Salz, Pfeffer, Muskat und Zitronensaft abschmecken. Die Suppe vom Herd nehmen und das Eigelb mit einem Schneebesen unterrühren. Die Spargelstücke in die Suppe geben und servieren.

Zutaten für 4 Portionen:

350 g Swakop-Spargel
500 ml Wasser
250 ml Sahne
250 ml Milch
40 g Butter
20 g Mehl
1 Prs. Muskatnuss
½ TL Zitronensaft
1 Eigelb
1 Brötchen
½ TL Zucker
weißer Pfeffer aus der Mühle
Salz

Pinguine bei Lüderitz

Maisklösschensuppe

Zubereitung:

Die Knochen mit dem Öl im Topf scharf anbraten, mit dem Wasser ablöschen und das geputzte und gehackte Gemüse hinzugeben. Etwa eineinhalb Stunden köcheln lassen und die Brühe durch ein Sieb in einen Topf abgießen. Diese weiter köcheln lassen. Für die Maisklößchen die Butter mit den Eiern, dem Muskat und dem Salz in einer Schüssel schaumig rühren. Das Maismehl mit dem Backpulver gut vermischen und anschließend unter die schaumige Eimasse rühren. Die Masse mit 2 Teelöffeln zu kleinen Klößchen formen und auf die kochende Suppe setzen. Den Deckel darauf geben und 10 Minuten gar ziehen lassen.

Zutaten für 4 Portionen:

Suppe:
2 L Wasser
1 Bund Suppengrün
500 g Rinderknochen
1 EL Öl

Maisklößchen:
180 g Maismehl
75 g Butter
3 Eier
1 Prs. Muskatnuss
1 Msp. Backpulver
Salz

Maissuppe mit Chutney

Zutaten für 4 Portionen:

200 g Mais
4 EL Frucht-Chutney (siehe Saucen)
1 Zwiebel, fein gewürfelt
1 Karotte, fein gewürfelt
800 ml Gemüsebrühe, heiß
2 EL Essig
2 EL Öl
2 TL Curry
1 Msp. Nelken, gemahlen
2 EL Zucker
Pfeffer aus der Mühle
Salz

Zubereitung:

Den Mais abspülen und in einem Topf mit kochendem Wasser 4 Minuten sprudelnd kochen. Anschließend in ein Sieb abgießen und gut abtropfen lassen. Das Öl in einem weiteren Topf erhitzen, den Zucker hinzugeben und im heißen Fett leicht karamellisieren. Die Zwiebel- und die Karottenwürfel hineingeben und leicht anbräunen. Die heiße Gemüsebrühe angießen und den Mais hinzugeben. Mit Curry, Nelken, Salz und Pfeffer würzen. Weitere 25 Minuten garen. Wenn die Maiskörner weich sind, die Suppe erneut mit Pfeffer und Salz abschmecken. Die Suppe auf die Teller verteilen, einen Esslöffel Chutney in die Mitte geben und servieren. Je nach Geschmack kann auch ein Früchte-Chutney verwendet werden.

Wildsuppe

Aus dem köstlichen Rest eines Namibischen Wildbrets.

Zutaten für 4 Portionen:

400 g Wildbratenreste von Kudu-Antilope, Spring- und Blesbock
2 Zwiebeln
1,5 L Fleischbrühe
60 g Linsen
Thymian
Cayennepfeffer
Lorbeer
30 g Butter
Pfeffer aus der Mühle
Salz

Zubereitung:

Die Linsen in etwas Salzwasser kochen. Von den Wildbratenresten (ohne Knochen und Haut) etwa 50 Gramm in kleine Würfelchen schneiden. Das übrige Fleisch grob gehacken. Die Zwiebel hacken und in einem Topf mit Butter anschwitzen. Mit der Fleischbrühe ablöschen und die vorgekochten Linsen mit ein wenig Thymian und einem gestoßenen Lorbeerblatt sowie etwas Cayennepfeffer hinzugeben. Eine Viertelstunde köcheln lassen und anschließend durch ein Sieb streichen. Das Mus mit der restlichen Fleischbrühe anrühren. Mit Salz und Pfeffer abschmecken. Die Suppe aufkochen lassen und dann vom Herd nehmen. Die Butter in Flöckchen schneiden und unter die Suppe ziehen. Dann die beiseite gelegten Fleischwürfelchen hinzugeben und unterrühren.

Omajova-Pilzsuppe

Omajova-Pilze wachsen in der Regenzeit am Rande von Termitenhügeln.

Zubereitung:

Die Zwiebel fein würfeln und mit den in Scheiben geschnittenen Pilzen und der gehackten Petersilie in der Butter andünsten. Das Mehl darüber streuen, verrühren und kurz mitdünsten. Mit dem Wasser und der Fleischbrühe auffüllen und mit Salz und Pfeffer würzen. 20 Minuten zugedeckt köcheln lassen und gelegentlich umrühren. Danach die saure Sahne einrühren und einige Minuten weiter köcheln lassen. Abschließend die Suppe abschmecken und mit Petersilie bestreut servieren.

Zutaten für 4 Portionen:

250 g Omajova-Pilze
1 Zwiebel
1 EL Petersilie, gehackt
4 EL Butter
3 EL Mehl
500 ml Wasser
500 ml Fleischbrühe
125 ml saure Sahne (Schmand)
Pfeffer aus der Mühle
Salz

In freier Wildbahn

Frische Gnusuppe

Zutaten für 8 Portionen:

2 kg Gnufleisch
2 L Wildbrühe
3-4 EL Mehl
3 EL Butter
3 schwarze Pfefferkörner
2 TL Salz

Zubereitung:

Das Fleisch mit den Gewürzen in etwa 3 Stunden gar kochen. Das gegarte Fleisch herausnehmen und in Würfel schneiden. Die Kochflüssigkeit mit dem Mehl binden, indem man es unter Rühren aufkochen lässt, aber nicht zu dick werden lassen. Das gewürfelte Fleisch in die Suppe geben und erwärmen. Vom Herd nehmen, die Butter einrühren, bis sie sich aufgelöst hat. Zur Suppe Brot und Bier servieren.

Erbsensuppe

Zutaten für 4 Portionen:

250 g grüne Erbsen, gekocht
200 g Landjäger (Wurst)
5 Kartoffeln
1 Zwiebel
etwas Rinderbrühe
Butter zum Braten
Salz

Zubereitung:

Die Kartoffeln schälen und fein würfeln, in Salzwasser gar kochen. Die Erbsen in Wasser gar kochen. Anschließend mit dem Kochwasser zu den Kartoffeln geben. Die Zwiebeln würfeln, die Butter in einer Pfanne erhitzen und die Zwiebeln darin anschwitzen. Die Landjäger in Würfelchen schneiden, in die Pfanne geben und etwas anbräunen lassen. Nun zu den Kartoffeln und Erbsen geben, unter Rühren kurz aufkochen lassen und bei schwacher Hitze 10 Minuten gar ziehen lassen. Mit etwas Brühe und Salz abschmecken.

Omajova-Pilze am Fuß eines Termitenhügels.

„Beef Tea" vom Namibischen Rind mit gefüllten Teigtaschen

Die kräftige Rinderbrühe wird in Namibia Beef Tea genannt.

Zutaten für 4 Portionen:

200 g Rindfleisch
250 g Rinderknochen
1 Bund Suppengrün
1 Zwiebel
50 g Fett
200 ml Milch
50 g Mehl
Paprikapulver
Pfeffer aus der Mühle
Salz

Teigtaschen:
550 g Rindfleisch
400 g Mehl
2 Eier
1 Knoblauchzehe
3 EL Rinderbrühe
150 ml Wasser
½ TL Salz
1 Zwiebel
Pfeffer aus der Mühle
Salz

Zubereitung:

Die Knochen in Salzwasser kochen. Das Rindfleisch durch den Fleischwolf drehen. Die Zwiebel fein reiben. Das Fett in einer Pfanne erhitzen und die Zwiebel darin hellgelb dünsten. Das durchgedrehte Fleisch hinzugegeben und anbraten. Das Gemüse ebenfalls durch den Fleischwolf drehen und in die Pfanne geben. Unter Rühren dünsten, die Petersilie und die Gewürze beigeben und alles mit etwas Knochenbrühe ablöschen. Wenn alles gar ist, die verbliebene Brühe zugießen, kurz aufkochen lassen und durch ein Sieb gegeben. In einem Topf mit Butter und Mehl eine helle Mehlschwitze bereiten, welche mit Milch abgelöscht wird. Unter Rühren so lange köcheln lassen, bis die Milch eindickt. Dann unter schlagen mit dem Schneebesen die Brühe zur Mehlschwitze gießen. Für die Teigtaschen aus dem Mehl, den Eiern, dem Wasser und etwas Salz einen glatten Teig kneten und dünn auf einer bemehlten Fläche ausrollen. Er sollte etwa 2 Millimeter dick sein. Mit einem Glas oder Plätzchen-Ausstecher von etwa 5 Zentimeter Durchmesser den Teig ausstechen. Für die Füllung das Fleisch, die Zwiebeln und den Knoblauch durch den Wolf mit einer feinen Scheibe drehen. Mit der Brühe geschmeidig rühren und mit Salz und Pfeffer würzen. Die Füllung portionsweise auf die ausgestochenen Teigplättchen legen, die Ränder mit Eiweiß bestreichen, zusammenklappen und zusammendrücken. Den Teig am Rand mit einer Gabel weiter festdrücken. In reichlich Salzwasser bei kleiner Hitze kochen lassen. Wenn die Teigtaschen gar sind, in die heiße Brühe geben und servieren.

Spargelcrèmesuppe mit Garnelen

Zutaten für 4 Portionen:

750 g Swakop-Spargel
80 g Garnelen
100 g Erbsen, gekocht
2 Zitronen
30 g Butter
2 EL Mehl
1 EL Öl
1 EL Sherry, süß
100 ml Sahne
2 Eigelb
½ Brötchen
Butter
etwas Chilipulver
Zucker
Pfeffer aus der Mühle
Salz

Zubereitung:

Die Zitronen in dünne Scheiben schneiden und die Kerne entfernen. Den Spargel waschen und die Spargelenden abschneiden. Die Spargelenden mit einem Liter Wasser und Zitrone aufkochen. Das Salz und den Zucker zufügen und 10 Minuten köcheln lassen. Den Spargel in kleine Stücke schneiden. Die Spargelenden aus dem Wasser heben. Die Spargelstücke und das halbe Brötchen in das Spargelwasser geben und aufkochen lassen. Den Spargel darin 12 Minuten garen. Das Brötchen herausnehmen, die Erbsen zugeben und etwa 5 Minuten mitgaren lassen. Dann das Spargelwasser durch ein Sieb abgießen und die Flüssigkeit auffangen. Die Butter in einem Topf erhitzen und das Mehl darin anschwitzen. Mit dem Spargelwasser unter Rühren ablöschen. Aufkochen lassen und 5 Minuten weiter köcheln lassen. Die Garnelen in heißer Butter 2 Minuten braten. Mit Salz und Chili würzen. Die Suppe mit Salz, Pfeffer und dem Sherry abschmecken. Nun das Gemüse aus dem Sieb zufügen und darin erhitzen. Dann den Topf vom Herd nehmen. Die Sahne und mit dem Eigelb verquirlen. Diese erst mit etwas Suppe verrühren, dann unter Rühren zurück in die Suppe geben. Nicht mehr kochen lassen. Auf Teller verteilen und die Garnelen darauf anrichten.

Butterkürbis-Suppe

Zutaten für 4 Portionen:

500 g Butterkürbisfleisch
300 g Kartoffeln, mehlig
2 Stangen Lauch
60 g Butter
1 L Milch
1 L Wasser

Zubereitung:

Den Lauch waschen und in kleine Ringe schneiden. Die Butter in einer Pfanne erhitzen und den Lauch darin glasig dünsten. Das Kürbisfleisch und die geschälten Kartoffeln klein schneiden und zum Lauch geben. Mit der Milch und dem Wasser auffüllen. Dann mit Salz und

Pfeffer abschmecken und bei mittlerer Hitze 30 Minuten köcheln lassen. Die Suppe mit einem Pürierstab pürieren. Dann die Crème fraîche unterrühren und servieren.

200 g Crème fraîche
Pfeffer aus der Mühle
Salz

Kürbis-Rahmsuppe

Zubereitung:

Das Kürbisfleisch in Würfel schneiden. Die Zwiebeln fein hacken. Die Butter in einem Topf erhitzen und die Zwiebeln darin glasig dünsten. Den Zucker zugeben und unter Rühren schmelzen lassen. Den Kürbis hinzufügen und 10 bis 15 Minuten mitdünsten. Einige Kürbiswürfel herausnehmen. Die Brühe und die Hälfte der Sahne zugießen und würzen. 10 Minuten köcheln lassen. Die Suppe pürieren und abschmecken. Die Kürbiswürfel zugeben und die verbliebene Sahne einrühren.

Zutaten für 4 Portionen:

1,5 kg Kürbisfleisch
3 Zwiebeln
3 EL Butter
2 EL brauner Zucker
1 ½ L Geflügelbrühe
200 g Sahne
1 Msp. Nelken, gemahlen
1 Msp. Muskat
Pfeffer aus der Mühle
Salz

Mais-Kürbis-Suppe mit Hummer

Zubereitung:

Den Hummer 10 Minuten in kochendem Wasser garen. Die Schalen aufbrechen, das Fleisch herauslösen und abgedeckt kühl stellen. Die Hummerschalen klein hacken. Einen Liter Wasser in einem Topf zum Kochen bringen. Die Hummerschalen, den Lorbeer, den Pfeffer, den Thymian und die Zwiebel in dem Wasser zwei Stunden lang simmern lassen. Anschließend die Flüssigkeit durch ein Sieb geben und auffangen. Den Lauch in der Butter 10 Minuten lang dünsten. Den Mais und das Kürbisfleisch zufügen und mit der Kochflüssigkeit aufgießen. Dann das Ganze 45 Minuten köcheln lassen. Anschließend pürieren und durch ein feines Sieb gießen. In einem Topf wieder erwärmen und dabei den Schmand einrühren. Salzen, mit den Gewürzen abschmecken und mit etwas Zitronensaft abrunden.

Zutaten für 4 Portionen:

1 Felsenhummer (à 800 g)
400 g Mais, vorgegart
2 Lorbeerblätter
1 TL schwarze Pfefferkörner
3 Zweige Thymian
1 Zwiebel, gehackt
3 Stangen Lauch (das Weiße davon, in kleine Stücke geschnitten)
100 g Butter
1 kg Kürbis, gewürfelt
150 g saure Sahne (Schmand)
Zucker
Muskatnuss
Cayennepfeffer
Zitronensaft
Schnittlauch, gehackt
Salz

Die Suppe mit dem zerkleinerten Hummerfleisch und gehacktem Schnittlauch anrichten.

Diamond Coast-Fischsuppe

Die „Diamantenküste“ ist eine der beliebtesten Regionen Namibias. Lüderitz ist die älteste deutsche Siedlung an dieser Küste und bietet eine große Vielfalt kulinarischer Genüsse aus den fischreichen Gewässern der Diamond Coast.

Zutaten für 6 Portionen:

1 kg Fische, diverse
3 Zwiebeln
4 EL Olivenöl
2 Knoblauchzehen
1 Lorbeerblatt, zerstoßen
½ TL Thymian
½ TL Rosmarin
250 ml Weißwein, trocken
1 EL Weinbrand
1 kleine Fenchelknolle
500 g Tomaten
1 ½ L Wasser
etwas Safran
Pfeffer aus der Mühle
Salz

Zubereitung:

Die Tomaten mit kochendem Wasser übergießen, häuten und vierteln. Die Zwiebeln schälen und fein würfeln. Den Knoblauch schälen und fein hacken. Den Fenchel putzen und fein würfeln. Das Öl in einer großen Kasserolle erhitzen, den Knoblauch, die Zwiebeln, die Tomaten, den Fenchel, den Rosmarin, den Thymian und den Lorbeer darin andünsten. Dann mit Wein ablöschen und aufkochen lassen. Das Wasser, den Safran und die grob zerkleinerten Fische dazu geben und bei schwacher Hitze 30 Minuten köcheln lassen. Die Suppe durch ein Sieb streichen, noch einmal aufkochen lassen und mit Salz und Pfeffer abschmecken. Zum Schluss den Weinbrand zur Abrundung hinein geben. Mit frischem Baguette servieren.

Mamutoni

Kartoffelsuppe mit Kabeljau und Trüffelöl

Zubereitung:

Den Lauch in kleine Streifen schneiden, die Butter in einer Pfanne erhitzen und den Lauch darin schmoren. Die Kartoffeln schälen, in kleine Würfel schneiden und in einen Topf geben. Die Geflügelbrühe zu den Kartoffeln gießen und den Lauch einrühren. 20 Minuten köcheln lassen und anschließend mit dem Pürierstab pürieren. Erneut erhitzen. Das Kabeljaufilet in mundgerechte Stücke schneiden, in die Suppe geben und 4 bis 5 Minuten garziehen lassen. Die Suppe mit Pfeffer und Salz würzen und den Geschmack mit Trüffel-Öl abrunden.

Zutaten für 4 Portionen:

300 g Kabeljaufilet
1 L Geflügelbrühe
4 Kartoffeln
1 Lauchstange
4 TL Trüffel-Öl
Butter
Pfeffer aus der Mühle
Salz

Hentiesbaai Muschelsuppe

70 Kilometer nördlich von Swakopmund liegt die kleine Stadt Hentiesbaai.

Zubereitung:

Die Miesmuscheln in Salzwasser kochen. Dann die Muscheln herausnehmen, etwas abkühlen lassen und aus der Schale nehmen. Den Speck in der Butter anbraten und nacheinander die Zwiebeln und die Kartoffeln hinzufügen. 5 Minuten köcheln lassen. Um zu verhindern, dass die Zutaten anbräunen, gelegentlich umrühren. Die Fischbrühe in einen Topf geben und bei schwacher Hitze 20 Minuten simmern lassen. Das Fischfilet, die Petersilie, die Lorbeerblätter, den Estragon und den roten Pfeffer zugeben und weitere 10 Minuten simmern lassen. Zum Schluss die Muscheln, die Milch und den Schmand zugeben. Unter Rühren kurz aufkochen lassen und sofort servieren. Mit eine Prise gemahlenen Paprika dekorieren. Dazu Baguette reichen.

Zutaten für 4 Portionen:

300 g Fischfilet, gewürfelt
300 g Miesmuscheln
1 L Fischbrühe
25 ml Butter
125 g Speck, rindenloser, grob gehackt
2 Zwiebeln, geviertelt, in Scheiben geschnitten
2 Kartoffeln, gewürfelt
2 EL Petersilie, gehackt
2 Lorbeerblätter
1 EL Estragon, gehackt
1 rote Pfefferschote, entkernt und gehackt
220 g Schmand
250 ml Milch
schwarzer Pfeffer aus der Mühle
Salz

Traditionelle Muschelsuppe

Zutaten für 4 Portionen:

12 Miesmuscheln, gekocht
1 Zwiebel, fein gehackt
300 ml Wasser

Béchamelsauce:
600 ml Milch
25 g Butter
25 g Mehl
Petersilie

weiter:
1 TL Essig
1 EL Weißwein, trocken

Zubereitung:

Die gekochten Miesmuscheln klein schneiden, mit der gehackten Zwiebel in einen Topf geben, das Wasser hinein gießen und leicht köcheln lassen. Für die Béchamelsauce die Zutaten in einen Topf geben, gut verrühren und aufkochen lassen. Anschließend zu den Muscheln geben und gut verrühren. Nun den Essig und den Weißwein zugeben. 15 Minuten leicht kochen lassen. Mit Knoblauchbrot und Petersilie servieren.

Muschelsuppe mit Kokosaroma

Zutaten für 4 Portionen:

250 g Muscheln, gekocht und aus der Schale gelöst
½ L Hühnerbrühe
¼ L Kokosmilch
1 Zwiebel, fein gehackt
1 TL Currypulver
1 EL Frucht-Chutney (siehe Saucen)
1 Knoblauchzehe, fein gehackt
½ Bund Petersilie, gehackt
1 EL Sonnenblumenöl
Salz

Zubereitung:

Den Knoblauch mit etwas Salz bestreuen und unter dem Kochmesser zerdrücken. Das Öl in einem Topf erhitzen und die Zwiebeln darin bei ständigem Rühren schmoren, bis sie Farbe annehmen. Die zerdrückte Knoblauchzehe und das Currypulver hinzufügen und unter Rühren eine Minute köcheln lassen. Dann das Chutney hinzugeben. Die Hühnerbrühe und die Kokosmilch zugießen. Nochmals umrühren und bei mittlerer Hitze zum Kochen bringen. Mit Salz abschmecken. Die Muscheln in den Topf geben und das Ganze noch eine Minute auf der abgeschalteten Herdplatte ziehen lassen. Dann den Topf vom Herd nehmen, die Petersilie in die Suppe rühren, auf die Teller geben und servieren.

Felsenhummer-Suppe

Der Felsenhummer wird in Namibia auch Crayfish genannt.

Zubereitung:

Das Wasser in einer großen Kasserolle zum Kochen bringen. Dann die Hummerschwänze sowie das Salz hinzufügen und bei schwacher Hitze simmern lassen. Wenn die Hummerschwänze gar sind, diese herausnehmen und das Kochwasser beiseite stellen. In einer weiteren, großen Kasserolle die Butter erhitzen und die Zwiebeln darin 5 Minuten bräunen. Die Tomaten, den Knoblauch, die Petersilie, die Muskatnuss, das Salz, den Pfeffer und die Zitronenschale hinzugeben. Bei schwacher Hitze 10 Minuten kochen lassen. Den Wein und einen Liter Hummerwasser hinzufügen. Die Suppe weitere 10 Minuten kochen lassen. Anschließend durch ein Sieb passieren und in den Topf zurück geben. Die Hummerschwänze hacken und in die Suppe geben. Unter Rühren die Suppe erwärmen. Vor dem Servieren mit Pfeffer und Salz abschmecken.

Zutaten für 4 Portionen:

500 g Hummerschwänze
250 ml Weißwein, trocken
300 ml Wasser
125 ml Milch
125 g Butter
2 Zwiebeln, fein gewürfelt
2 Tomaten, fein gehackt
1 Knoblauchzehe, fein gehackt
1 TL Petersilie, gehackt
½ TL Muskat
1 Stück Zitronenschale
½ TL Pfeffer
1 TL Salz

Giraffe

Fleischgerichte

Springböcke

Tournedos à la Swakopmund

Zutaten für 4 Portionen:

800 g Rinderfilet
8 große Austern, frisch
Zitronensaft, frisch
schwarzer Pfeffer aus der Mühle
Salz

Zubereitung:

Die Austern öffnen. Das Fleisch mit dem Austern-Wasser in eine Schüssel geben und mit etwas Zitronensaft marinieren lassen. Das Rinderfilet parieren und in 8 gleichgroße Scheiben schneiden. Die Scheiben mit Küchengarn am Rand umbinden. So behalten sie ihre runde Form beim Braten. In die Mitte der Tournedos ein Loch drücken und jeweils eine marinierte Auster hinein stecken. Öl in einer Pfanne stark erhitzen und die Tournedos von beiden Seiten kurz anbraten. In eine gebutterte Auflaufform geben, mit dem Bratfett bepinseln und im vorgeheizten Ofen bei eingeschaltetem Grill 3 bis 6 Minuten fertig braten. Die Tournedos mit Sauce Bernaise, Dauphin-Kartoffeln und gedünstetem Gemüse servieren.

Rinderfilet „Kolonial“

Zutaten für 8 Portionen:

1 Rinderfilet
50 g Zwiebel, gehackt
2 Knoblauchzehen, gehackt
2 TL Kräuter, gemischt
75 ml Öl
3 EL Senf
3 EL Frucht-Chutney (siehe Saucen)
1 EL Zitronensaft
100 ml Sahne
500 ml Rinderbrühe, kräftig
2 EL Mehl
Pfeffer aus der Mühle
Salz

Zubereitung:

Die Zwiebel, den Knoblauch, den Senf, die Kräuter, den Zitronensaft und das Öl in einer Schüssel mischen. Das Rinderfilet hinein geben, mit der Mischung bestreichen und 2 Stunden darin marinieren lassen. Dann das Filet aus der Marinade nehmen und mit Küchengarn umbinden. Etwas Öl in eine Pfanne geben und das Filet bei starker Hitze rundum anbraten. Auf den Ofenrost geben und im auf 180 °C vorgeheizten Backofen 20 bis 25 Minuten rösten. Das Mehl in die Pfanne mit dem Bratfett streuen und 3 Minuten unter Rühren bräunen. Die Rinderbrühe angießen und zu einer feinen Sauce reduzieren. Nach der Garzeit das Filet aus dem Ofen nehmen, das Küchengarn entfernen und das Filet in dünne Scheiben schneiden. Auf einer heißen Servierplatte anrichten und mit der Sauce übergießen. Dazu Gemüse reichen.

Eisenbahnbrücke über den Fish River

Springbock Cordon bleu mit Preiselbeer-Pfeffersauce

Springbock mit einer leckeren Omajova-Pilzfüllung und einer raffinierten Pfeffersauce.

Zubereitung:

Das Öl in einer Pfanne erhitzen und die Zwiebeln darin andünsten, ohne sie braun werden zu lassen. Die Pilze hinzufügen und solange dünsten, bis keine Flüssigkeit mehr in der Pfanne vorhanden ist. Mit Pfeffer und Salz würzen und die gehackte Petersilie untermischen. Von einer Seite Taschen in die Springbocksteaks schneiden, die Pilzfüllung hineingeben, mit einer Fleischnadel oder Zahnstocher verschließen. Mit Pfeffer und Salz beidseitig würzen. Butter in einer Pfanne erhitzen und das Cordon bleu von beiden Seiten je 4 Minuten bei mittlerer Hitze braten. Anschließend aus der Pfanne nehmen und warm stellen. Für die Sauce die Preiselbeermarmelade in die Pfanne geben und erhitzen. Den Rotwein angießen und mit der angerührten Stärke abbinden. Die Pfefferkörner dazugeben, mit Crème fraîche verfeinern und mit Salz und Pfeffer abschmecken. Die Cordon bleus auf vorgewärmten Tellern anrichten und etwas Sauce angießen. Mit Nudeln oder Kroketten, Gemüse und der restlichen Sauce servieren.

Zutaten für 4 Portionen:

4 Springbock-Steaks (à 150 g / Schmetterlingsschnitt)
400 g Pilze (Omajova bevorzugt), in feine Würfel geschnitten
2 Zwiebeln, fein gewürfelt
2 EL Petersilie, fein gehackt
Öl zum Braten
Pfeffer aus der Mühle
Salz
Sauce:
3 EL Preiselbeermarmelade
250 ml südafrikanischer Rotwein, trocken
1 EL grüne Pfefferkörner
1 EL Crème fraîche
1 EL Speisestärke
Pfeffer aus der Mühle
Salz

Springbock-Gulasch mit Spätzle

Zutaten für 4 Portionen:

600 g Springbock-Gulasch
200 g Knollensellerie
200 g Karotten
400 ml Rinderbrühe
250 ml Buttermilch
500 g Spätzle
6 Schalotten
3 EL saure Sahne
150 ml Rotwein
1 EL Öl
2 EL Tomatenmark
1 TL Koriander
1 TL Kreuzkümmel
3 Lorbeerblätter
Pfeffer aus der Mühle
Salz

Zubereitung:

Das Springbockfleisch in gleich große Gulasch-Stücke schneiden. Mit der Buttermilch in eine Schüssel geben und zugedeckt im Kühlschrank einen Tag marinieren Lassen. Vor dem Braten des Gulaschs dieses aus der Buttermilch nehmen, abwaschen und trocken tupfen. Den Lauch, die Karotten und den Sellerie putzen und in kleine Würfel schneiden. Die Schalotten schälen und fein würfeln. Das Öl in einem Bräter erhitzen und die Schalotten, das Tomatenmark, den Koriander und den Kümmel einige Minuten darin anbraten. Dann die Lorbeerblätter und das Fleisch hineingeben. Kurz anbraten, das Gemüse hinzufügen, mit der Rinderbrühe ablöschen und den Wein angießen. Das Gulasch mit Pfeffer und Salz würzen und aufkochen lassen. Anschließend zugedeckt eine Stunde schmoren lassen. Währenddessen gelegentlich umrühren. Die Spätzle in kochendem Wasser zubereiten. Vor dem Servieren das Gulasch nochmals abschmecken und die saure Sahne unterrühren. Das Gulasch auf die Spätzle geben und servieren.

Safari zu den Dünen

Springbockkeule in Bier geschmort

Zubereitung:

Die Springbockkeule salzen, pfeffern, mit dem Knoblauch einreiben und in Mehl wenden. Das Schmalz in einem Bräter erhitzen und die Springbockkeule darin kräftig anbraten. Die Zwiebel, die Selleriewürfel und die Karottenwürfel zum Fleisch hinzufügen. Die Lorbeerblätter dazugeben und mit dem Bier und dem Wasser löschen. Die Dosen-Tomaten unterrühren und alles zum Kochen bringen. Den Oregano zugeben und anderthalb Stunden schmoren lassen. Die Tomaten mit kochendem Wasser überbrühen, schälen, vierteln und der Keule beifügen. Die Soße abschmecken. Mit gehackter Petersilie und geriebener Zitronenschale garnieren.

Zutaten für 4 Portionen:

4 Scheiben von der Springbockkeule (à 200 g)
250 ml Windhuk Lager (Bier)
250 ml Wasser
1 Zwiebel, fein gehackt
1 Dose geschälte Tomaten
2 Tomaten
2 Karotten
100 g Sellerie
2 Knoblauchzehen, zerstoßen
Mehl
Schweineschmalz
2 Lorbeerblätter
Oregano
Zucker
Petersilie
Zitronenschale
Pfeffer aus der Mühle
Salz

Omajova-Wildragout

Zubereitung:

Das Öl in einem Bräter erhitzen und das Fleisch mit den Zwiebeln darin anbraten. Dann die Fleischbrühe angießen und die Tomatenwürfel hinzu geben. Die Hitze reduzieren und bei geschlossenem Deckel eine Stunde köcheln lassen. Die Omajova-Pilze in Stücke schneiden, mit dem Wein, der Sahne und der Marmelade zum Ragout geben. Mit Pfeffer und Salz würzen und etwa 20 Minuten köcheln lassen, bis die Sauce eindickt. Mit gekochtem Reis oder Maisbrei servieren und die Petersilie darüber streuen.

Zutaten für 4 Portionen:

750 g Gazellenkeule, entbeint und in Würfel geschnitten (alternativ: Rehkeule)
300 g Omajova-Pilze (alternativ: Champignons)
2 Zwiebeln, gehackt
2 Tomaten, in kleine Würfel geschnitten
650 ml Sahne
300 ml Fleischbrühe
50 ml Weißwein, trocken
100 ml Öl
1 EL Marmelade
1 Bund Petersilie, gehackt
Pfeffer aus der Mühle
Salz

Himba

Namibisches Wildgulasch

Zutaten für 2 Portionen:

400 g Wildgulasch (Kudu, Gemsbock, Oryx)
7 Tomaten
2 Zwiebeln
2 Karotten
1 grüne Peperoni
1 Knoblauchzehe
300 ml Rotwein, trocken
3 Lorbeerblätter
3 Gewürznelken
Paprikapulver
etwas Mehl
Pfeffer aus der Mühle
Salz

Zubereitung:

Das Gulasch salzen und pfeffern und in etwas Mehl wenden. Die Zwiebeln und Karotten fein würfeln. Die Peperoni aufschneiden, die Kerne entfernen und die Schote fein hacken. Den Knoblauch in dünne Scheiben schneiden, die Tomaten jeweils in 6 bis 8 Teile schneiden. Das Olivenöl in einem Topf erhitzen und das Fleisch darin anbraten. Die Zwiebeln, die Karotten, die Peperoni-Stückchen und den Knoblauch zugeben und unter Rühren kurz mitbraten lassen. Dann mit dem Rotwein ablöschen. Anschließend zwei Drittel der Tomaten, die Lorbeerblätter, die Nelken und etwas Paprikapulver zugeben. Bei schwacher Hitze, zugedeckt 40 Minuten schmoren lassen. Dann die restlichen Tomatenstücke hinein geben und weitere 10 Minuten schmoren lassen. Dazu Salzkartoffeln servieren.

Kudu-Gulasch mit Pilzen

Zubereitung:

Die Karotten putzen, in Scheiben schneiden und in Salzwasser gar kochen. Das Wasser abgießen und die Karotten beiseite stellen. Das Fleisch in Gulaschstücke schneiden und mit den Gewürzen und Rotwein in eine Schüssel geben. Das Gulasch darin über Nacht, ziehen lassen. Die Zwiebeln schälen und in Spalten schneiden. Die Pilze putzen, waschen und halbieren. Das Fleisch aus der Marinade nehmen und trocken tupfen. Die Marinade aufbewahren. Das Schmalz in einem Topf erhitzen und die Zwiebeln und die Pilze darin goldbraun braten. Anschließend herausnehmen und das Fleisch im Bratfett kräftig anbraten. Mit Salz und Pfeffer würzen. Das Gulasch mit Mehl bestäuben und unter Rühren kurz anschwitzen. Mit etwa einem halben Liter heißem Wasser ablöschen und die Marinade zugeben. Zugedeckt etwa 1 Stunde schmoren. Nach etwa 30 Minuten der Garzeit die Zwiebeln und die Pilze zufügen. Das Fett erhitzen und die Karotten darin 3 Minuten dünsten. Die Petersilie hacken und darüber streuen. Die Sauce mit dem Johannisbeergelee und der Crème fraîche abschmecken. Die Spätzle in kochendem Salzwasser 12 Minuten garen. Das Gulasch auf den Spätzle anrichten und etwas gehackte Petersilie darüber streuen.

Zutaten für 4 Portionen:

750 g Kudu-Keule (ohne Knochen)
500 g Pilze (z.B. Champignons)
800 g Karotten
3 Zwiebeln
1 EL Crème fraîche
250 ml Rotwein
2 EL Mehl
2 EL Schmalz
1 EL Johannisbeergelee
½ Bund Petersilie
2 EL Butter
2 Lorbeerblätter
3 Gewürznelken
5 Wacholderbeeren
Wasser
300 g Spätzle
Pfeffer aus der Mühle
Salz

Kudu-Frikadellen

Ideal zu Braaivleis.

Zubereitung:

Das Kudufleisch durch den Fleischwolf drehen. Die Scheibe im Fleischwolf sollte nicht zu fein gewählt sein. Das Brot in etwas Milch weichen lassen und anschließend auspressen. Die Zwiebeln in sehr feine Würfel schneiden. Anschließend die ganzen Zutaten

Zutaten für 4 Portionen:

600 g Kudufleisch
3-4 Scheiben Brot
2 Eier
2 Zwiebeln
Majoran
Pfeffer aus der Mühle
Salz

miteinander in einer Schüssel vermischen und dann die Frikadellen aus der Fleischmasse formen. Die Kudufrikadellen in heißem Öl braten oder auf den Grill geben. Dazu Brot oder Kartoffelsalat servieren.

Hausgemachtes Biltong

Getrocknetes und stark gewürztes Fleisch.

Zutaten:

1 kg Rindfleisch
1 EL Weinessig
1 TL Koriandersamen
1 EL Zucker
2 g Natron
1 TL Pfeffer, gemahlen
3 EL Salz

Zubereitung:

Den Koriander in einer Pfanne rösten, abkühlen lassen und in einem Mörser zerstoßen. Das Fleisch in 3 Zentimeter dicke und 20 Zentimeter lange Streifen schneiden und mit Rotweinessig einreiben. Pfeffer, Zucker, Salz und Natron miteinander vermischen und die Fleischscheiben darin wenden. Das Fleisch lagenweise in die Form schichten, so dass das Fleisch ganz mit der Gewürzmischung bedeckt ist. Das Ganze für 12 Stunden in den Kühlschrank geben. Die Fleischstreifen kurz in kochendes Wasser eintauchen, trocken tupfen und für mindestens 5 Tage an einem warmen, trockenen Ort aufhängen. Danach den Biltong in dünne Streifen schneiden und wie Chips servieren.

Siedlung an der Küste

Impala-Antilopenkeule in der Salzkruste

Zubereitung:

Die Knochen aus der Keule auslösen, das Fleisch von Sehnen befreien und mit dem Pfeffer würzen. Wenn keine Keule von der Impala-Antilope erhältlich ist, diese durch heimisches Reh ersetzen – wenngleich der Geschmack bei weitem nicht der gleiche ist. Die Keule in ein gut gewässertes Schweinenetz geben und vorsichtig nachstopfen. Das Meersalz, das Eiweiß und etwas Wasser vermischen, so dass es gerade feucht ist und sich gut formen lässt. Das Salz in der Fläche der Keule in 1 Zentimeter Stärke auf ein Backblech geben. Die Keule darauf setzen, die Wacholderbeeren, den Tannenzweig und die in Scheiben geschnittene Kumquat darauf geben. Ringsherum gleichmäßig mit dem restlichen Salz bedecken. Bei 220 °C im vorgeheizten Backofen 5 Minuten backen. Dann den Ofen auf 180 °C herunterschalten und die Keule weitere 40 Minuten backen. Anschließend aus dem Ofen nehmen und 10 Minuten ruhen lassen. Für die Hagebuttensauce den Portwein, den Himbeeressig, den Orangen- und den Zitronensaft sowie das Hagebuttenmark und mit dem Würfelzucker einkochen lassen. Dann den Wildfond zugießen, nochmals einkochen lassen. Vom Herd nehmen und die Butter mit einem Pürierstab pürieren. Abschließend mit Pfeffer und Salz abschmecken. Zum Anrichten die Keule mit der Salzkruste auf eine Platte setzen. Mit einem kräftigen Messer die Salzkruste aufschlagen, entfernen. Die Impala-Antilopenkeule tranchieren und mit Süßkartoffeln servieren.

Zutaten für 4 Portionen:

2 kg Impala-Antilopenkeule
500 ml Wildfond
1 Schweinenetz
3 Eiweiß
8 Wacholderbeeren
1 Kumquat
1 Tannenzweig
schwarzer Pfeffer aus der Mühle
1 kg Meersalz, grob

Hagebuttensauce:
½ Zitrone, Saft davon
1 Orange, Saft davon
4 EL Hagebuttenmark
5 brauner Würfelzucker
1 EL Portwein
1 EL Himbeeressig
60 g Butter, gesalzen
schwarzer Pfeffer aus der Mühle
Salz

Medaillons vom Warzenschwein mit grünem Spargel

Zutaten für 4 Portionen:

8 Warzenschein-Medaillons (von Nuss oder Rücken)
8 Scheiben Schinken, geräuchert
1 kg Swakop-Spargel
1 EL Salbei, gehackt
75 g Butter
etwas Parmesan am Stück
geriebene Muskatnuss
Olivenöl zum Braten
Pfeffer aus der Mühle
Salz

Zubereitung:

Die unteren Enden vom Spargel abschneiden. In einem Spargeltopf etwa 5 Zentimeter Wasser einfüllen. Salz und etwas geriebene Muskatnuss hineingeben und den Spargel mit den Köpfen nach oben hineinstellen. Bei geschlossenem Deckel 20 Minuten garen. Die Warzenschwein-Medaillons leicht pfeffern und mit etwas im Mörser geriebenem Salbei würzen. Das Olivenöl in einer Pfanne erhitzen und die Medaillons darin braten, bis sie gar sind. Die Schinkenscheiben in einer kleinen Pfanne mit etwas Olivenöl bei mittlerer Hitze kurz anbraten. Die Butter in einem kleinen Tiegel schmelzen. Die Warzenschwein-Medaillons aus der Pfanne nehmen und etwas salzen. Den Spargel aus dem Kochwasser nehmen, abtropfen lassen und auf die Teller verteilen. Die Butter darüber gießen und den Parmesan darüber hobeln. Die Warzenschwein-Medaillons mit je einer Scheibe Schinken belegen und neben dem Spargel anrichten. Als Beilage Salzkartoffeln oder Kroketten reichen.

Gnu-Schmorbraten mit Shiraz

Zutaten für 4 Portionen:

1,2 kg Gnufleisch aus der Oberschale
100 g grüner Speck
700 ml Shiraz aus Südafrika
1 Knoblauchzehe
1 Zwiebel
1 Karotte
1 Petersilienwurzel
100 g Knollensellerie
1 TL Paprikapulver, edelsüß

Zubereitung:

Das Gnufleisch in einen Topf legen, mit dem Wein übergießen und bei geschlossenem Deckel an einem kühlen Ort 12 bis 24 Stunden ziehen lassen. Den Knoblauch schälen und grob hacken. Die Zwiebel vierteln und die Karotte sowie den Sellerie putzen und grob würfeln. Mit den Gewürzen zum Fleisch geben und weitere 4 Stunden marinieren. Anschließend das Gnufleisch aus der Marinade nehmen und trocken tupfen. Den Speck in kleine Würfel schneiden und in einer großen Kasserolle oder einem Bräter bei mittlerer Hitze auslassen. Dann das Fleisch hinzugeben und bei starker Hitze rundum kräftig anbraten. Das Gemüse aus der Marinade nehmen, in einem Sieb abtropfen lassen und zum Braten in die Kasserolle geben. Die Hälfte der Marinadenflüssigkeit zugießen und die Kasserolle in den auf 180 °C vorgeheizten Backofen schieben. Nach etwa 20 Minuten die restliche Weinmarinade zugießen und den Braten ohne Deckel 60 Minuten schmoren. Anschließend das Tomatenmark, das Lorbeerblatt und die Ingwerwurzel beigeben und weiterschmoren lassen. Wenn nötig, etwas Wildfond zugießen. Nach einer weiteren Stunde den Braten aus dem Ofen nehmen und in Aluminiumfolie wickeln. 5 Minuten an einem warmen Ort aufbewahren, damit sich der Saft bilden kann. Die Sauce durch ein feines Sieb passieren. Den Braten aufschneiden und mit der Sauce zu gedünstetem Kürbis, Kartoffeln oder Klößen servieren.

1 EL Tomatenmark
1 Lorbeerblatt
20 g Ingwerwurzel, frisch
etwas dunkler Wildfond
½ TL schwarzer Pfeffer aus der Mühle
1 TL Salz

Oryx-Steak „Baden-Baden“

Mit Kartoffelklößen und Rotkraut und Preiselbeeren.

Zubereitung:

Die Oryx-Steaks in Mehl wenden. Die Butter in einer Pfanne erhitzen und die Steaks von beiden Seiten kurz anbraten. Etwas würzen und aus der Pfanne nehmen. Den Bratensatz mit Rotwein ablöschen. Die Wildsauce beimischen und bis zur gewünschten Dicke einkochen. Mit der Sahne verfeinern. Die Steaks in die heiße Sauce geben und unter gelegentlichem Wenden gar köcheln. Das Rotkraut in einem Topf erhitzen. Die Klöße in Wasser kochen und garziehen lassen. Die Steaks mit den Klößen und dem Rotkraut auf den Tellern anrichten. Die Sauce darüber geben und mit den Früchten garnieren.

Zutaten für 4 Portionen:

500 g Oryx-Steak (Oryx-Gemsbock)
500 ml Rotwein
200 ml Wildfond
100 ml Sahne
2 Kompottbirnen, halbiert
100 g Kompottkirschen mit Birnen und Birnensaft
etwas Mehl
Rotkraut
Kartoffelklöße
Preiselbeerkompott
Pfeffer aus der Mühle
2 EL Salz

Oryxkeule vom Spieß

Zutaten für 4 Portionen:

1 kg Oryxkeule
2 Knoblauchzehen
scharfer Senf
schwarzer Pfeffer aus der Mühle
Salz

Zubereitung:

Die Oryxkeule vom Knochen lösen, enthäuten, waschen und trocken tupfen. Die Knoblauchzehen schälen und zerdrücken. Das Innere mit Senf bestreichen, mit Pfeffer und den zerdrückten Knoblauchzehen einreiben. Wie einen Rollbraten zusammenrollen und mit Küchengarn umwickeln. Auch von außen mit Pfeffer bestreuen. In einen Grillkorb legen oder am Drehspieß befestigen. Im vorgeheizten Ofen bei 220 °C etwa 60 Minuten grillen. Vor dem Auftragen salzen. Mit Kartoffeln oder Brot servieren.

Zebraragout

Zutaten für 4 Portionen:

1 kg Zebrafleisch, gewürfelt
100 g roher Schinken
4 Zwiebeln
2-3 Wacholderbeeren
500 ml Fleischbrühe
1 EL Schmalz
5 EL Rotwein
1 EL Mehl
2 EL Sahne
Pfeffer aus der Mühle
Salz

Zubereitung:

Die Zwiebeln schälen und würfeln. Den Schinken in Würfel schneiden. Die Wacholderbeeren zerdrücken und die Fleischbrühe in einem Topf zum Kochen bringen. Das Schmalz und die Schinkenwürfel in einer großen Pfanne erhitzen. Das Zebraragout darin anbraten und mit Salz und Pfeffer abschmecken. Dann die Zwiebeln und die Wacholderbeeren hinzufügen und etwa 30 Minuten braten. Mit der Fleischbrühe ablöschen. Den Rotwein mit dem Mehl verquirlen und unter Rühren in die Pfanne geben. Die Sahne angießen und mit Salz und Pfeffer abschmecken.

Impalabraten

Zutaten für 4 Portionen:

1 Impalakeule (2 kg)
1,5 L Rotwein, trocken
1 Stange Lauch
8 Kartoffeln

Zubereitung:

In einen Bräter etwas Öl geben. Die Impalakeule säubern und mit Salz, Pfeffer und viel Paprika einreiben. Den Backofen auf 250 °C erhitzen und die Keule im Bräter darin 20 Minuten unter einmaligem Wenden braten. Mit Rotwein ablöschen und bei nun geschlossenem Deckel etwa eine Stunde schmoren lassen. Das Gemüse putzen, klein schneiden, hinzugeben und wieder mit Wein ablöschen. Nochmals 30 Minuten garen lassen. Das Fleisch ist fertig, wenn es sich leicht vom Knochen löst. Wichtig ist, dass man nicht mit der Gabel in das Fleisch sticht, da der Impalabraten so mager ist, dass er dadurch leicht trocken wird. Das Gemüse und das Fleisch auf einer Platte anrichten, dann Sahne und Crème fraîche unter den Sud mischen. Die Sauce zum Fleisch und dem Gemüse servieren.

2 Knoblauchzehen
2 Zwiebeln
200 ml Sahne
100 ml Crème fraîche
etwas Paprikapulver
Pfeffer aus der Mühle
Salz

Steinbockragout mit Maiskruste

Zubereitung:

Das Steinbockfleisch, die Karotten und die Zwiebeln würfeln. Den Sellerie in Stifte schneiden. Das Öl in einer Pfanne erhitzen und die Zwiebeln und den Knoblauch darin glasig dünsten. Dann die Zwiebeln und den Knoblauch herausnehmen und das Fleisch im Fett von allen Seiten gut anbraten. Die Zwiebeln, die Karotten und den Sellerie in die Pfanne geben und den Rotwein angießen. Das Fleisch mit Pfeffer, Salz und den Kräutern würzen, das Tomatenmark einrühren und das Ganze 10 Minuten köcheln lassen. Für die Maiskruste die Zwiebel würfeln und in einer Pfanne mit der Butter glasig dünsten. Das Toastbrot würfeln und in einer Pfanne ohne Fett, aber unter ständigem Wenden, rundum anrösten. Die Zwiebeln in eine Schüssel geben, etwas abkühlen lassen und dann mit der Sahne, dem Ei, etwas Salz und Pfeffer verrühren. Die Brotwürfel hinzugeben und durchziehen lassen. Den Mais in einem Sieb gut abtropfen lassen. Den Mais in die Mischung geben und gut durchrühren. Das Steinbockragout in eine gebutterte Auflaufform legen und die Maismischung darüber verteilen. Im auf 200 °C vorgeheizten Backofen auf der unteren Schiene etwa 50 Minuten backen.

Zutaten für 4 Portionen:

Ragout:
800 g Steinbockfleisch
100 g Stangensellerie
100 g Karotten
200 g Zwiebel
250 ml Rotwein
1 Knoblauchzehe, gehackt
3 EL Öl
1 EL Petersilie, gehackt
2 EL Tomatenmark
schwarzer Pfeffer aus der Mühle
Paprikapulver, scharf
Thymian
Rosmarin
Salbei
1 TL Salz

Maiskruste:
600 g Maiskörner, aus der Dose
50 g Zwiebel
20 g Butter
4 Scheiben Toastbrot
125 ml Sahne
schwarzer Pfeffer aus der Mühle
Salz

Monkey Gland Steak

Zutaten für 4 Portionen:

8 Rindersteaks, klein
3 Tomaten
1 Zwiebel, gewürfelt
75 ml Worchestersauce
100 ml Chutney (siehe Saucen)
2 EL Essig
75 ml Wasser
150 ml Ketchup
2 Knoblauchzehen, gehackt
100 g brauner Zucker
1 EL Tabasco-Sauce
Öl zum Braten

Zubereitung:

Die gehackten Zwiebeln in einer großen Pfanne andünsten und den Knoblauch zugeben. Die restlichen Zutaten bis auf das Fleisch in die Pfanne geben und miteinander vermischen. 10 bis 15 Minuten bei mittlerer Hitze köcheln lassen. Die Steaks in Streifen schneiden und in einer separaten Pfanne braten. Die Sauce über die Steaks gießen und Reis servieren.

Gegrilltes Schweinefilet

» Oshingulu

Mit Swakop-Spargel und Preiselbeersauce.

Zutaten für 4 Portionen:

800 g Schweinefilet
500 g Swakop-Spargel
1 TL Zitronensaft
1 Prise Zucker
1 Camembert-Käse
Pfeffer aus der Mühle
Salz

Preiselbeersauce:
250 g Preiselbeeren
150 ml Weißwein
1 EL Honig
6 Pfefferkörner
2 Pimentkörner
1 Gewürznelke
1 TL Speisestärke

Zubereitung:

Das Schweinefilet in Stücke schneiden und mit Salz und Pfeffer würzen. Auf dem Grill von beiden Seiten grillen, bis das Fleisch gar ist. Den Spargel waschen, das untere Ende abschneiden. Den Spargel mit einer Prise Salz, etwas Zucker und dem Zitronensaft etwa 12 Minuten weich kochen. Für die Preiselbeersauce die Preiselbeeren mit dem Weißwein, den Gewürzen und dem Honig unter Rühren aufkochen und weitere 5 Minuten köcheln lassen. Dann durch ein Sieb passieren, zurück in den Topf geben. Die Sauce mit der in etwas Wasser angerührten Speisestärke binden. Das Fleisch mit dem Spargel auf den Tellern anrichten. Den Camembert in dünne Scheiben schneiden und anschließend würfeln. Die Camembert-Würfel über den Spargel und das Filet geben und im Backofen bei eingeschaltetem Grill schmelzen lassen. Dazu die heiße Preiselbeersauce und Gemüse nach Wahl servieren.

Kaiserschnitzel

Zubereitung:

Die Schnitzel platt klopfen. Die Ränder einschneiden, salzen und eine Seite in Mehl legen. Dann das Mehl abschütteln. Das Öl in einer Pfanne erhitzen und die Schnitzel mit der bemehlten Seite nach unten hineinlegen. Von beiden Seiten braun braten und aus der Pfanne nehmen. Einen Teelöffel Mehl in die Pfanne geben, durchrühren, anziehen lassen und mit dem Fond ablöschen. Die Sahne beigeben, einige Minuten kochen lassen und durch ein Sieb wieder in die Pfanne passieren. Die Kapern, die Zitronenschale, Zitronensaft sowie gehackte Petersilie unterrühren. Die Schnitzel in die Sauce legen. Die saure Sahne einrühren und unter mehrmaligem Wenden einige Minuten warm ziehen lassen. Mit Erbsen und Kartoffeln servieren.

Zutaten für 4 Portionen:

4 Kalbsschnitzel (à 150 g)
3 EL Öl
20 g Kapern, gehackt
80 ml Sahne
80 ml brauner Kalbsfond
3 EL saure Sahne
etwas Zitronensaft
Zitronenschale, gerieben
1 TL Mehl
Mehl zum bestäuben
Petersilie, gehackt
Salz

Wiener Schnitzel

Zubereitung:

Die Schnitzel mit kaltem Wasser abspülen, trocken tupfen und klopfen. Das Mehl und das Paniermehl in je einem Teller geben. Das Ei in einem tiefen Teller mit etwas Milch und leicht gesalzen verquirlen. Die Schnitzel mit Pfeffer und Salz würzen. Nun die Schnitzel nacheinander zuerst im Mehl wenden, danach durch das Ei ziehen und danach im Paniermehl wenden. Das Öl in einer Pfanne erhitzen, die Schnitzel 2 bis 3 Minuten anbraten, wenden und die Butter hinzufügen. Weitere 3 Minuten braten, bevor man die Schnitzel aus der Pfanne nimmt und abtropfen lässt. Die gebratenen Schnitzel abtropfen lassen. Mit einer Zitronenscheibe garnieren und dazu Kartoffelsalat und grünen Swakop-Spargel servieren.

Zutaten für 2 Portionen:

2 Kalbsschnitzel (à 200 g)
3 EL Mehl
3 EL Paniermehl
1 Ei
3 EL Öl
1 EL Butter
½ Zitrone
etwas Milch
Pfeffer
Salz

Sosaties

Fleischspieße mit Zebra- und Straußenfleisch zum Grillen auf Holzkohle.

Zutaten für 4 Portionen:

500 g Zebrakeule oder -schulter
500 g Straußenfleisch
100 g Speck vom Lamm oder Schwein, in flache Quadrate geschnitten
2 Zwiebeln

Marinade:
2-3 Zwiebeln
2 Knoblauchzehen, gepresst
4 EL Aprikosenmarmelade
2 EL Curry
1 TL Speisestärke
50 ml Wasser
1 EL brauner Zucker
100 ml Weißweinessig
100 ml Sherry, trocken
Pfeffer aus der Mühle
Salz

Zubereitung:

Für die Marinade die Zwiebeln fein würfeln und in einer Pfanne mit Öl andünsten lassen. Den gepressten Knoblauch zu den Zwiebeln geben, kurz umrühren und dann die restlichen Zutaten für die Marinade in die Pfanne geben. Kurz aufkochen lassen und auf kleiner Hitze ein wenig eindicken lassen. Vom Herd nehmen und abkühlen lassen. Das Fleisch in walnussgroße Stücke schneiden, in die abgekühlte Marinade einlegen und über Nacht ziehen lassen. Die Zwiebel in Achtel schneiden und diese scheibchenweise trennen. Dann abwechselnd Fleisch, Speckwürfel und ein Stück Zwiebelscheibchen auf die Spieße stecken und über einem Holzkohlegrill braten. Zusätzlich kann man auch Zwiebelscheiben aufspießen. Mit Baguette servieren oder Süßkartoffeln in Aluminiumfolie in der Glut garen.

Wildsteaks in Rotweinsauce

» Oshiyamakuti

Zutaten für 2 Portionen:

2 Kudusteaks oder Gemsbok oder Zebra
80 ml Sahne
60 ml Rotwein
30 g Butter
1 EL Öl
1 TL Senf
1 EL Preiselbeerkompott
Petersilie, frisch gehackt
Pfeffer aus der Mühle
Salz

Zubereitung:

Die Steaks von Fett und Sehnen befreien. Das Öl und die Butter in eine Pfanne geben und erhitzen. Wenn das Fett schäumt, die Steaks dazugeben und bei großer Hitze auf jeder Seite 2 Minuten anbraten. Anschließend die Hitze reduzieren und 1 bis 5 Minuten braten. Je nach Länge der Bratzeit sind die Steaks innen noch blutig oder durchgegart. Den Wein in die Pfanne gießen, unter Rühren zum Kochen bringen und 1 Minute köcheln lassen. Die Steaks aus der Pfanne nehmen und warm stellen. Anschließend bei kleiner

Hitze den Senf, die Preiselbeeren und die Sahne zugeben und gut verrühren. Die Sauce bei mittlerer Hitze 3 Minuten köcheln lassen, bis sie leicht eindickt. Dabei mit Pfeffer und Salz abschmecken. Die Steaks wieder in die Pfanne geben und 1 Minute in der Sauce köcheln lassen. Die Steaks auf den Tellern anrichten, die Sauce darüber gießen und mit Petersilie garnieren. Dazu Salzkartoffeln oder Pommes frites reichen.

Dünen

Boerewors

Die Bauernbratwurstvariante aus dem südlichen Afrika.

Zubereitung:

Das Rind- und das Lammfleisch klein würfeln oder durch den fleischwolf mit einer groben Scheibe drehen. Die gesamten Zutaten mit dem Fleisch gut vermischen. Nun die Masse in die Wursthülle füllen, dabei eventuell eine Tortenspritze verwenden. Nicht zuviel der Masse in die Hülle füllen. Die Würste zu einer Schnecke zusammenrollen. Über Holzkohle 8 bis 10 Minuten grillen oder in einer Pfanne braten.

Zutaten für 1,25 kg:

500 g Rindfleisch
500 g Lammfleisch
250 g grüner Speck
1 Knoblauchzehe
2 EL Worcestersauce
3 EL Essig
10 g Koriandersamen
1 Prs. Cayennepfeffer
1 Prs. Thymian
1 Prs. Muskatnuss
1 Prs. Nelken, gemahlen
1 TL Pfeffer
½ TL Salz
Wursthülle

Elefantenherde

Bobotie

Ein Rezept, das die Südafrikaner ins Land brachten.

Zutaten für 4 Portionen:

1 kg Lamm- oder Rinderhackfleisch
50 g Aprikosen, getrocknet
125 g Rosinen
1 Scheibe Weißbrot
250 ml Milch
2 Zwiebeln
2 Knoblauchzehen
2 EL Öl 3 Eier
4 TL Currypulver
4 EL Mango-Chutney
2 EL Zitronensaft
1 EL Petersilie, gehackt
1 Banane
4 Aprikosen
2 Lorbeerblätter
Fett für die Form
Cayennepfeffer
weißer Pfeffer aus der Mühle
Salz

Zubereitung:

Das Weißbrot in der Hälfte der Milch einweichen. Die Zwiebeln und den Knoblauch schälen, hacken und in heißem Öl glasig dünsten. Das Brot ausdrücken und Milch aufbewahren. Nun das Brot und das Hackfleisch mit den Zwiebeln anbraten. Mit Curry würzen und alles 15 Minuten braten. Die Aprikosen würfeln. Die Rosinen, das Chutney, den Zitronensaft und die Petersilie zum Fleisch geben. 5 Minuten köcheln lassen und mit Salz und dem Cayennepfeffer abschmecken. Die Eier mit der gesamten Milch verrühren und mit Salz und Pfeffer würzen. Die Hackfleischmasse in eine gefettete Auflaufform füllen, die Eiermilch darüber gießen und die Bananen und Aprikosenscheiben sowie die Lorbeerblätter auf den Auflauf verteilen. Im auf 180 °C vorgeheizten Backofen 20 Minuten backen. Als Beilage Geelrys servieren.

Krokodilröllchen mit Omajova-Pilzfüllung

Zubereitung:

Etwa 100 Gramm kleine Pilze beiseite legen. Die restlichen Omajova-Pilze fein hacken, in einer Bratpfanne in der Butter anschwitzen, bis die entstandene Flüssigkeit voll-ständig eingekocht ist. Das Ei zugeben und rühren, bis die Masse leicht eindickt. Anschließend würzen, aus der Pfanne nehmen und in einer Schüssel abkühlen lassen. Ein Drittel des Rucolas fein hacken und darunter mischen. Die Scheiben des Krokodilfleischs auslegen und würzen. Die Füllung darauf verteilen und leicht andrücken. Das belegte Krokodilfleisch aufrollen, in eine eingefettete Auflaufform legen und die Gemüsebrühe sowie den Wein dazugießen. Das Paniermehl darüber streuen und die Butterflöckchen auf den Röllchen verteilen. Die Form mit Aluminiumfolie bedecken. Im auf 230 °C vorgeheizten Ofen auf der mittleren Schiene 10 Minuten garen. Dann die Aluminiumfolie entfernen und etwa 5 Minuten gratinieren. In der Zwischenzeit die beiseite gelegten Pilze in kleine Stücke schneiden und in etwas Butter dämpfen. Die Krokodilröllchen mit den Pilzen anrichten und mit dem restlichen Rucola garnieren.

Zutaten für 4 Portionen:

600 g Krokodilfleisch, in dünne Scheiben geschnitten
400 g Omajova-Pilze
100 g Rucola
500 ml Weißwein, trocken
500 ml Gemüsebrühe
1 TL Butter, zum Braten
1 Ei, leicht verrührt
3 EL Paniermehl
Butter, in Flöckchen
Pfeffer aus der Mühle
1 Prs. Salz

Schwarze Mamba

Krokodilspieße mit Cashew-Sate-Sauce

Ein Rezept für jede Jahreszeit, da es im Sommer auf dem Grill und im Winter in der Pfanne bereitet werden kann. Die nussig-asisatische Cashew-Sate-Sauce ist zu jeder Jahreszeit ein Genuss.

Zutaten für 4 Portionen:

500 g Krokodilfilet
(alternativ: Hähnchenbrust)
weißer Pfeffer aus der Mühle
Salz
8 oder 12 lange Holzspieße

Für die Marinade:
0,5 Zitrone, Saft davon
2 EL Olivenöl
1 Knoblauchzehe, zerdrückt
1-2 EL Sojasauce

Für die Sauce:
2 EL Erdnussbutter, crunchy
110 g Cashewnüsse, ungesalzen, fein zerstoßen
1 Zitrone, Saft davon
125 ml Kondensmilch
1-2 EL Sojasauce
brauner Zucker
1 Prs. Cayennepfeffer

Zubereitung:

Das Krokodilfilet waschen und trocken tupfen. Anschließend in Streifen von 1 x 2 Zentimetern Dicke und einem halben Zentimeter Höhe schneiden. Die Krokodilstreifen gut mit Pfeffer und Salz würzen. Die Sojasauce, die Knoblauchzehe, den Zitronensaft und das Olivenöl in eine Schüssel geben und gut verrühren. Die Krokodilstreifen hineingeben und eine Stunde marinieren lassen. Die Holzspieße, von der Länge klassischer Schaschlikspieße, vor der Verwendung 15 Minuten in einer flachen Schüssel mit Wasser einweichen. Dies verhindert, dass sie später anbrennen. Für die Cashew-Sate-Sauce die Erdnussbutter, den Zitronensaft, die Kondensmilch, die Sojasauce, den Zucker mit dem Cayennepfeffer in eine kleine Kasserolle geben und 5 Minuten bei schwacher Hitze köcheln lassen. Während dieser Zeit umrühren und wenn nötig, die Sauce mit noch etwas Sojasauce abschmecken. Die Holzspieße aus dem Wasser nehmen und die marinierten Krokodilstreifen möglichst flach darauf stecken. Dann die Spieße auf dem Holzkohlengrill oder in einer Grillpfanne (mit Rillen) 5 Minuten auf jeder Seite goldbraun rösten. Darauf achten, dass das Krokodilfilet nicht zu gar wird. Die Spieße vom Grill oder aus der Pfanne nehmen, auf eine Platte legen und dazu die Cashew-Sate-Sauce lauwarm oder kalt reichen.

Dead Vlei

Krokodilsteak

Zutaten für 4 Portionen:

4 Krokodilsteaks
1 große Aubergine
3 Zucchinis
10 Walnüsse
200 ml Sahne
1 EL Honig
150 g Butter
1 Zwiebel
1 Limone
Weißwein, trocken
Pfeffer aus der Mühle
Salz

Zubereitung:

Die Aubergine und die Zucchinis waschen und schneiden. Anschließend in feine Scheiben schneiden. Das Gemüse nun in der geschmolzener Butter in einer großen Pfanne garen. Mit etwas Weißwein anfeuchten und den Honig hinzugeben. Das Ganze gut durchrühren und 15 Minuten köcheln lassen. Anschließend mit der Sahne abschmecken. Das Krokodilfleisch in der Butter anbraten und mit dem Pfeffer abschmecken. Dann auf einer Platte anrichten, die Sauce zugießen und mit den Walnussstücken und der Limone garnieren.

Mopane Raupen

Hammelwürste

Zutaten für 4 Portionen:

500 g Hammelfleich
100 g Speck, fein gehackt
½ TL Zitronenschale, gerieben
3 TL Petersilie
1 Ei
Pfeffer aus der Mühle
Salz

Zum Braten:
Semmelbrösel
Butter

Zubereitung:

Das Hammelfleisch durch den Fleischwolf drehen. Dann mit den restlichen Zutaten vermischen. Aus der Masse kleine Würstchen formen, mit den Semmelbröseln panieren, indem man diese auf ein Brett streut und die Würstchen darin rollt. Die Butter in eine Pfanne geben, braun werden lassen und die Würstchen darin braten.

Mopane Raupen

Die Mopane Raupe (Mopaniewurms / mopane caterpillar) ist eine Kaisermotte (Gonimbrasia belina) und ernährt sich überwiegend auf Mopane Bäumen. Die Raupen werden von den Mopane Bäumen gesammelt und entweder gebraten oder platt gequetscht getrocknet.

Zubereitung:

Die Raupen im Wasser einweichen, bis sie weich sind. Die Zwiebeln in der Butter anbraten. Die Tomate in Scheiben schneiden, mit den restlichen Zutaten zu den Zwiebeln geben und bei geringer Hitze kochen bis alles zart ist. Mit Salz abschmecken und dazu Maisbrei servieren.

Zutaten:

Mopane Raupen, getrocknet
1 Tomate
1-2 Zwiebeln, gehackt
Butter
Chilisauce
Pfeffer aus der Mühle
Salz

Gebratene Lammkeule

Zubereitung:

Die Lammkeule vom Fett befreien. Für die Marinade Rotwein und Essig mischen und mit Salz, Pfeffer, Paprikapulver, Piment und Thymian würzen. Die Zwiebeln vierteln. Die Lorbeerblätter zerkleinern. Alles mit dem Öl zu der Marinade geben. Das Fleisch mit der Marinade einreiben, anschließend 24 Stunden stehen lassen, ab und zu wenden. Den Backofen auf 220 °C vorheizen. Die Lammkeule trocken tupfen und auf einer mit Wasser ausgespülten Fettpfanne in den Backofen schieben, ab und zu mit der Bratflüssigkeit begießen. In einem Topf etwas Öl erhitzen. Die Zwiebeln und die Lorbeerblätter mit einer Schaumkelle aus der Marinade nehmen und im Öl fünf Minuten braten. Mit dem Mehl bestäuben und nochmals kurz durchbraten. Die Keule 40 bis 50 Minuten garen. Mit Brot servieren.

Zutaten für 4 Portionen:

1 Lammkeule
2-3 Zwiebeln
250 ml Rotwein
125 ml Essig
2 EL Öl
1 EL Mehl
1 TL Paprikapulver
1 TL Pimentpulver
2 TL Thymian
1 Lorbeerblatt
Pfeffer aus der Mühle
Salz

Southern Region Lammkeule

Im Süden Namibias, wo es immer trockener wird, züchtet man sehr schmackhafte Schafe.

Zutaten für 4 Portionen:

2 ½ kg Lammkeule
12 lange Rosmarinstängel
10 Knoblauchzehen
4 EL Sherry, medium
schwarzer Pfeffer aus der Mühle
Salz

Zitrusöl:
1 Zitrone
1 Orange
1 Limette
300 ml Olivenöl
½ TL schwarze Pfefferkörner

Zwiebelspieße:
18 kleine Zwiebeln
Puderzucker zum Bestäuben

Zubereitung:

Zuerst das Zitrusöl anrichten, damit es ziehen kann. Dafür Spalten aus Zitrone, Orange und Limette herausschneiden und in eine kleine Pfanne mit dem Öl und den Pfefferkörnern geben. 5 Minuten bei kleiner Hitze köcheln lassen, vom Herd nehmen, in eine Schüssel geben und abkühlen lassen. Abgedeckt 24 Stunden ziehen lassen. Das Lammfleisch vom Knochen schneiden. Am dickeren Ende des Beines gibt es eine kleine Gruppe kleinerer Knochen, diese müssen ebenfalls entfernt werden. Das Fleisch sollte am Stück bleiben und die Form eines großen Schmetterlingsteaks haben. Fett und Sehnen herausschneiden. Auch sollte es eine gleichmäßige Dicke von etwa 5 cm haben. Dickere Stellen entsprechend ausdünnen. Den Rosmarin von zwei Stängeln abzupfen und in fein hacken. Die restlichen Stängel abzupfen und für die Zwiebelspieße bereithalten. Die Stiele 30 Minuten in kaltem Wasser ziehen lassen. Den Knoblauch in dünne Stifte schneiden. Das Lammfleisch rundum mit kleinen Schnitten versehen und darin den Knoblauch und den Rosmarin platzieren. Den Sherry darüber träufeln, mit etwas Zitrusöl auf dem Fleisch verreiben und mit Pfeffer und Salz würzen. Auf „mittelheißen" Kohlen etwa 40 Minuten grillen. Das Fleisch gelegentlich wenden und mit dem Zitrusöl bestreichen. Währenddessen die Zwiebeln halbieren und auf jeweils einen Rosmarinstängel drei Zwiebelhälften stecken. Mit etwas Zitrusöl beträufeln und dann zu dem Lamm auf den Grill legen. Mit etwas Puderzucker bestäuben und etwa 15 bis 20 Minuten unter gelegentlichem Drehen grillen. Wenn das Lammfleisch gar ist, wird es auf ein Holzbrett gelegt, mit Aluminiumfolie abgedeckt und fünf Minuten ruhen lassen. Zum Servieren in Scheiben schneiden. Dazu Salate reichen.

Hammelkeule vom Grill

Zubereitung:

Die Knoblauchzehen schälen und in Stifte schneiden. Die Hammelkeule säubern, die Haut entfernen und mit dem Knoblauch spicken. Die Keule mit Frischhaltefolie umwickeln und 2 Stunden stehen lassen. Anschließend die Folie wieder entfernen. Das Gänseschmalz in einem kleinen Pfännchen erwärmen, mit dem Senf, dem Thymian und dem Majoran mischen und die Keule damit bestreichen. Die Keule auf den Grill legen und diese regelmäßig wenden und mit der Paste bestreichen. Nach etwa 50 Minuten ist die Keule medium gegart. Die Keule in Scheiben schneiden und mit Pfeffer und Salz würzen. Dazu Brot und Senf reichen.

Zutaten für 4 Portionen:

1,5 kg Hammelkeule
8 Knoblauchzehen
4 EL Schmalz
2 EL Senf
Thymian
Majoran
schwarzer Pfeffer aus der Mühle
Salz

Lamm mit Langustinen

Zubereitung:

Einen Apfel schälen, halbieren und das Kerngehäuse herausschneiden. Die anderen Äpfel ungeschält halbieren, das Kerngehäuse entfernen, in Achtel schneiden und mit Zitronensaft beträufeln, damit das Fruchtfleisch nicht braun wird. Die Frühlingszwiebeln in dünne Scheibchen schneiden. Den Knoblauch fein hacken. Die Frühlingszwiebeln und den Knoblauch in der Butter kurz dünsten. Das Currypulver darüber stäuben und kurz mitdünsten. Anschließend mit der Rinderbrühe ablöschen. Den geschälten Apfel reiben und in die Sauce geben. Die Sauce würzen und 20 Minuten köcheln lassen. Durch ein Sieb passieren und wieder zurück in die Pfanne gießen. Das Lammfleisch in dünne Streifen schneiden und mit der Sahne zu der Sauce geben. Aufkochen und 10 Minuten köcheln lassen. Die Langustinen und die Apfelstücke in etwas heißer Butter braten. Das Fleisch mit den Langustinen und den Apfelstücken auf die Teller geben und die Sauce darüber gießen.

Zutaten für 4 Portionen:

600 g Lammschulter
8 Langustinen, geschält
3 Frühlingszwiebeln
2 Knoblauchzehen
300 ml Rinderbrühe
200 ml Sahne
3 Äpfel
Butter
1 EL Zitronensaft
1 TL Currypulver
Cayennepfeffer
Pfeffer aus der Mühle
Salz

Lammrücken mit Kräuterkruste

Zutaten für 4 Portionen:

2 Lammrückenfilets (à 400 g)
2 Knoblauchzehen, gehackt
2 EL Senf
Pfeffer aus der Mühle
Salz

Für die Kräuterkruste:
Olivenöl
2-3 Scheiben Toastbrot, ohne Rinde
1 EL Thymian, gehackt
1 EL Petersilie, gehackt
2 Knoblauchzehen, zerdrückt
6 grüne Oliven, entsteint
40 g Butter, in dünne Scheiben geschnitten

Zubereitung:

Die Lammrückenfilets mit Pfeffer und Salz einreiben. Das Öl in einer Pfanne erhitzen und die Lammrückenfilets mit dem Knoblauch von allen Seiten etwa eine Minute anbraten. Anschließend aus der Pfanne nehmen und einige Minuten ruhen lassen. Das Toastbrot mit den Oliven in den Küchenmixer geben und darin zerkleinern. Dann in eine Schüssel geben und mit dem Thymian, der Petersilie und dem Knoblauch mischen. Die Lammrückenfilets oben mit Senf bestreichen und die Kräutermischung vorsichtig darauf drücken. Die Lammrückenfilets in eine mit Butter ausgestrichene Auflaufform legen. Die Butterscheiben drauf verteilen und im auf 150 °C vorgeheizten Backofen 10 bis 12 Minuten überbacken. Dann unter dem Grill nochmals 3 Minuten gratinieren bis die Kruste goldbraun ist. Zum Servieren in Scheiben schneiden und dazu Salat und Gemüse reichen.

Strauße in der Ebene

Etosha-Pfanne

Die Etosha-Pfanne mit dem nach ihr benannten Nationalpark befindet sich im Norden Namibias. Diese Salzpfanne, welcher der Park seinen Namen verdankt (Etosha heißt in der Ovambo-Sprache „Großer weißer Platz"), ist knapp 5.000 qkm groß.

Zutaten für 4 Portionen:

1 kg ausgelöstes Kasseler Kotelett, gepökelt
1 Lorbeerblatt
4 Wacholderbeeren
1 TL Thymian
1 TL Majoran
4 EL Öl
3 Eiweiß
200 ml Wasser
1 TL schwarzer Pfeffer, grob gemahlen
2,5 kg grobes Salz

Zubereitung:

In einem Mörser die Gewürze fein zerstoßen und mit dem Öl vermischen. Das von Fett und Haut befreite Fleisch gleichmäßig damit einreiben. Das Salz mit Eiweiß und Wasser vermischen. Auf die Mitte einer Bratpfanne (Backofen geeignet, alternativ Bräterdeckel, flach) eine 2 Zentimeter hohe Salzschicht geben, die etwas länger und breiter als der Braten ist. Fleisch darauf legen, mit dem restlichen Salz dick einhüllen. Auf mittlerer Schiene im auf 210 °C vorgeheizten Backofen 45 Minuten backen. Dabei alle 10 Minuten mit Wasser besprühen, damit die Salzkruste nicht aufspringt. Das Fleisch 5 Minuten ruhen lassen und dann die Salzkruste mit einem kräftigen Messer aufbrechen. Beilage: Kartoffelkroketten mit Mais.

Lammfrikadellen

Zutaten für 4 Portionen:

500 g Lammhackfleisch
2 Scheiben Toastbrot
2 Eier
1 Zwiebel
1 Bund Petersilie
1 Knoblauchzehe
2 EL Tomatenmark
1 TL Senf
2 TL Paprika
schwarzer Pfeffer aus der Mühle
1 TL Salz

Zubereitung:

Die Toastbrotscheiben in eine kleine Schüssel geben und in etwas Milch einweichen. Den Knoblauch mit dem Salz in einem Mörser zerstoßen. Die Zwiebel in feine Stücke hacken und mit den Eiern und dem Lammhackfleisch in einer Schüssel vermengen. Die Toastbrotscheiben ausdrücken und zum Lammhackfleisch geben. Die Petersilie fein hacken und mit dem Tomatenmark, dem Paprika und dem Salz gut durchkneten und anschließend zu kleinen flachen Frikadellen formen. In Olivenöl bei kleiner Hitze langsam anbraten oder auf den Grill geben. Dazu Brot und Salat reichen.

Potjiekos

Zutaten für 4 Portionen:

1 kg Lammhaxe
1 EL Butter
3 Zwiebeln, in Scheiben
10 kleine Kartoffeln
5 Karotten
8 kleine Zucchinis
1 TL Thymian, getrocknet
etwas Rosmarin
2 EL Worcestersauce
250 ml Fleischbrühe
2 TL Sojasauce
2 TL Zitronensaft
2 EL dunkle Bratensoße
1 ½ TL Salz

Zubereitung:

In einen gusseisernen „Potjie“ (ersatzweise kann man einen großen Kochtopf verwenden) die Butter erhitzen. Darin die Zwiebeln glasig anschwitzen. Die Lammhaxe in 3 Zentimeter große Würfel schneiden. Dann das Fleisch in den Potjie geben. Mit einer Gabel die Zwiebeln auf das Fleisch geben, zugedeckt im Feuer oder auf dem Herd so lange köcheln lassen bis das Fleisch Saft zieht. Die Kartoffeln auf das Fleisch legen, dabei soll es nicht den Topfrand berühren. Die Karotten in Scheiben schneiden und mit den Zucchini auf die Kartoffeln legen. Die Hälfte der Fleischbrühe mit Salz, Worchestersauce, Sojasauce, Zitronensaft und Thymian verrühren und in den Potjiekos gießen. Zugedeckt für etwa 90 Minuten köcheln lassen. Die restlichen 125 ml Fleischbrühe mit der Bratensoße und dem Pilzsuppenpulver verrühren und zum Verdicken der Flüssigkeit in den Topf geben. Weitere 10 bis 20 Minuten köcheln lassen. Während des Kochens nicht umrühren. Als Beilage Salat reichen.

Gebratene Schlange

Zubereitung:

Die Schlange häuten und die Innereien entfernen. Das Schlangenfleisch in gleichgroße Stücke schneiden. Wenn keine Schlange zur Hand ist, kann statt dessen Aal oder junger Katzenhai genommen werden. Aus den Semmelbröseln, den Eiern, dem Zucker, dem Knoblauch, dem Salz und dem Pfeffer einen zähen Teig mischen. Die Schlangenstücke darin panieren. Das Fett in einer Pfanne erhitzen und die Schlangenstücke von allen Seiten braten, bis sie goldgelb sind.

Zutaten für 4 Portionen:

1 größere Schlange (Puffotter)
250 g Semmelbrösel
2 Eier
3 EL Zucker
2 TL Knoblauch, zerrieben
Öl zum Frittieren
Pfeffer aus der Mühle
Salz

Schlange vom Grill

Zubereitung:

Die Schlange häuten und in 10 Zentimeter lange Stücke schneiden. Die Stücke in eine Schüssel geben und in der Barbecue Sauce 6 Stunden marinieren. Dann die Stücke herausnehmen. Auf den Grillrost Aluminiumfolie legen und die Schlangenstücke 45 Minuten von allen Seiten grillen. Regelmäßig mit Barbecue-Sauce bestreichen, um das Austrocknen des Fleisches zu verhindern. Vor dem Servieren mit Pfeffer und Salz würzen. Wenn keine Schlange zur Hand ist, kann statt dessen Aal oder junger Katzenhai genommen werden. Für die Barbecue-Sauce die Tomaten mit heißem Wasser überbrühen, enthäuten und in Stücke schneiden. Die Zwiebel schälen und sehr fein hacken. Den Knoblauch schälen und pressen. Etwas Olivenöl in einem Topf erhitzen, die Zwiebel und den Knoblauch kurz darin andünsten. Die Tomaten, die Worcestersauce, den Essig, den Senf und den Honig dazugeben und mit Salz, Pfeffer und Chilipulver würzen. Bei mittlerer Hitze ohne Deckel 20 Minuten unter gelegentlichem Rühren köcheln lassen. Anschließend die Sauce abkühlen lassen und pürieren.

Zutaten für 4 Portionen:

1 Schlange
Pfeffer aus der Mühle
Salz

Barbecue-Sauce:
500 g Tomaten
1 Zwiebel
2 Knoblauchzehen
2 EL Worcestersauce
1 EL Weißweinessig
1 TL Senf, mittelscharf
2 EL Honig
Chilipulver
Olivenöl
Pfeffer aus der Mühle
Salz

Einfahrt
zum Etosha
Nationalpark

Straußenfilets in Pfefferkruste mit Chutney-Hollandaise

Zutaten für 4 Portionen:

4 Straußenfilets (à 200 g)
60 g Butter
4 Zweige Basilikum
40 ml Branntwein
2 EL Tomatenmark
40 ml Rinderbrühe
60 ml Frucht-Chutney (siehe Saucen)
20 g schwarzer Pfeffer, grob gemahlen
Salz

Sauce Hollandaise:
3 Eigelb
250 Gramm Butter
2 EL Schalottenwürfel
3 El Weißwein, trocken
3 EL Wasser
Zitronensaft
1 Lorbeerblatt
Cayennepfeffer
weißer Pfeffer aus der Mühle
Salz

Zubereitung:

Für die Sauce Hollandaise das Wasser mit dem Weißwein, den Schalottenwürfeln und dem Lorbeerblatt in einem Topf auf ein Drittel der Menge einkochen lassen. Diese Reduktion vom Herd nehmen, durch ein Sieb gießen, die Flüssigkeit mit dem Eigelb verrühren und im 70 °C heißen Wasserbad mit dem Schneebesen cremig schlagen. Die warme Butter zuerst tröpfchenweise und dann im dünnen Strahl unter Schlagen mit dem Schneebesen angießen. Die Sauce mit Pfeffer, Cayennepfeffer, Salz und etwas Zitronensaft abschmecken. Anschließend das Chutney einrühren. Die Sauce bis zum Servieren warm halten, jedoch nicht kochen lassen, da sie sonst gerinnt. Für die Zubereitung der Straußenfilets die Butter in einer Pfanne erhitzen. Die Filets in dem schwarzen Pfeffer wenden, diesen gut andrücken und die Filets in der heißen Butter auf beiden Seiten braten, bis die Filets eine braune Kruste bekommen. Den Branntwein hinzugeben und die Filets flambieren. Dabei darauf achten, dass die hohe Stichflamme nicht die Dunstabzugshaube o.ä. erreicht. Mit der Rinderbrühe ablöschen, das Tomatenmark hinzugeben und 5 Minuten köcheln lassen, bis die Brühe eingekocht ist. Die Steaks auf die Teller verteilen, die Sauce daran gießen und dazu grünen Spargel und Salzkartoffeln reichen.

Strauße

Straußenkeule in Weißweinsahne

Zubereitung:

Die Straußenkeule mit einer Marinade aus Olivenöl, frisch gemahlenem Pfeffer, Salz, Knoblauch und Thymian einreiben. Wenn keine Straußenkeule verfügbar ist, kann alternativ eine Putenkeule verwendet werden. Wenn statt einem Stück von der Straußenkeule eine Ganze verwendet werden soll, ist die Größe des Backofens zu berücksichtigen. Die Garzeit und die Menge der Zutaten erhöht sich entsprechend. In einem Bräter oder Schmortopf das Schmalz erhitzen und die Straußenkeule ringsum braun anbraten. Die Zwiebel in grob hacken und kurz mitbraten. Dann mit Weißwein ablöschen, den Herd auf mittlere Temperatur schalten und den Deckel auflegen. Die Straußenkeule ein Stunde schmoren. Danach die Geflügelbrühe und die Sahne angießen. Diese Weißweinsahne-Sauce mit Pfeffer, Salz, Thymian und im Mörser zerdrückten Knoblauch würzen. Mit Speisestärke andicken. In der Zwischenzeit die Bohnen gar kochen und abtropfen lassen. In einem Topf die Butter erhitzen und die Bohnen darin schwenken. Mit Pfeffer, Salz und Thymian würzen. Dazu Reis reichen.

Zutaten für 4 Portionen:

800 g Straußenkeule
1 Zwiebeln
250 g Bohnen
125 ml Weißwein
250 ml Geflügelbrühe
1 EL Olivenöl
1 EL Schmalz
20 g Butter
1 Knoblauchzehe
5 EL Sahne
etwas Thymian, gehackt
2 TL Speisestärke
Pfeffer aus der Mühle
Salz

Straußeneintopf

Zutaten für 4 Portionen:

1 kg Straußenfleisch
1 L Fleischbrühe
500 ml Wasser
Suppengrün (Karotten, Sellerie, Lauch)
2 Zwiebeln
400 g Kartoffeln
3 Gewürznelken
1 Lorbeerblatt
Muskatnuss, gemahlen
Petersilie, gehackt
Butter
Pfeffer aus der Mühle
Salz

Zubereitung:

Das Fleisch würfeln, die Karotten und den Sellerie waschen und schälen, mit dem Lauch in Stücke schneiden. Das Lorbeerblatt an die geschälten Zwiebeln mit den Nelken spicken. Das Wasser mit Brühe aufkochen, das Fleisch, das Gemüse und die Zwiebel zugeben. Eine Stunde bei schwacher Hitze garen. Die Kartoffeln geschält und gewürfelt hinzugeben und etwa 20 Minuten garen. Mit Salz und Pfeffer abschmecken. Dazu Baguette reichen.

Gegrillte Straußensteaks

Zutaten für 4 Portionen:

4 Straußensteaks

Marinade:
2 EL Zitronensaft
2 Knoblauchzehen, fein gehackt
2 Zweige Rosmarin, fein gehackt
½ Bund Thymian
4 EL Olivenöl
Pfeffer, grob gemahlen

Zubereitung:

Die Zutaten für die Marinade gründlich vermischen und die Straußensteaks damit bestreichen. Anschließend in Folie wickeln und einige Stunden im Kühlschrank marinieren lassen. Die Steaks gut abtropfen lassen, auf den Grillrost legen und nahe der Glut von beiden Seiten kurz anbraten. Den Grillrost etwas höher stellen und die Steaks unter mehrmaligen Wenden 3 bis 5 Minuten fertig grillen. Eventuell beim Grillen mit Bier übergießen.

Duwisib Castle

Straußenspieße

Zubereitung:

Die Straußensteaks in 3 Zentimeter große Würfel schneiden. Die Mango schälen und ebenfalls in größere Würfel schneiden. Die Paprikas waschen, aufschneiden, die Kerne entfernen und in Stücke schneiden. Das Straußenfleisch salzen und pfeffern. Das Olivenöl in einer Pfanne erhitzen und die Straußenfleisch Würfel einige Minuten darin braten. Dann aus der Pfanne nehmen, etwas abkühlen lassen und abwechselnd mit den Mango- und Paprikastücken auf Spieße stecken. Auf den Grill legen und von jeder Seite 5 bis 8 Minuten grillen. In der Zwischenzeit die Reststücke der Mango und Paprikas klein schneiden. Den Bratenrückstand in der Pfanne mit etwas Wasser und Sherry lösen. Die Paprika und die Mangostücke hinzugeben und dünsten. Mit Salz, Pfeffer und Garam Masala abschmecken und zum Schluss den Becher Crème fraîche einrühren. Bei schwacher Hitze erwärmen, ohne die Sauce zum Kochen zu bringen. Die Sauce zu den Spießen reichen.

Zutaten für 4 Portionen:

4 Straußensteaks
1 Mango, reif
2 Paprika
10 ml Sherry, trocken
1 Becher Crème fraîche
3 EL Olivenöl
etwas Garam Masala
schwarzer Pfeffer aus der Mühle
Salz

Perlhuhn mit Omajova-Pilzen

» Tan Omajo

Zubereitung:

Die Perlhühner waschen und in einem Topf mit den Zwiebeln, dem Salz, der Petersilie und der entsprechenden Menge Wasser kochen, bis sie gar sind. Die Perlhühner aus dem Kochwasser nehmen, etwas abkühlen lassen, das Fleisch vom Knochen schälen und in nicht zu lange Streifen schneiden. Die Omajova-Pilze putzen, in Scheiben schneiden und mit etwas Salz in einer Pfanne mit etwas Butter 7 Minuten anbraten. Anschließend

Zutaten für 4 Portionen:

2 Perlhühner
500 g Omajova-Pilze
3 Zwiebeln, gehackt
2 EL Petersilie, gehackt
Butter, zum Anbraten
1 EL Salz

Sauce:
1 TL Kurkuma, gemahlen
1 EL Basilikum, gehackt

1 EL Sojasauce
1 EL Sherry
150 ml Sahne
2 Zwiebeln
3 EL Öl
Mehl
Butter
Pfeffer aus der Mühle
Salz

aus der Pfanne nehmen. Für die Sauce mit dem Mehl und der Butter eine Mehlschwitze bereiten. Mit etwas Kochwasser unter Rühren zu einer Sauce verdünnen. In der Pfanne das Öl erhitzen und die fein geschnittenen Zwiebeln darin anrösten. Das Kurkuma, die Sojasauce, den Sherry, den Pfeffer und das Basilikum unterrühren und anschließend in die Sauce aus der Mehlschwitze geben. Die Sauce sollte eine dicklich-sämige Konsistenz haben. Nun die Pilze und das Perlhuhn hinzugeben und darin erwärmen. Die Sahne unterrühren und mit Salz abschmecken. Dazu Maisbrei servieren.

Perlhuhn mit Maisbrei

» Tan met Pap

Das Perlhuhn wird 12 Stunden in einer Erdgrube gegart.

Zutaten für 4 Portionen:

1 Perlhuhn
2 kg Lehm (roter oder schwarzer)
Pfeffer aus der Mühle
Salz

Zubereitung:

Das Perlhuhn (Tarentaal; abgekürzt „Tan“) noch mit Federn ausnehmen, den Kopf abschneiden und die entstandenen Öffnungen am Hals und zwischen den Schlegeln zunähen. Ein Feuer bereiten und dieses auf die Glut herunterbrennen lassen. Ein 50 cm tiefes Loch graben. Den Grund mit der heißen Kohle bedecken, darüber eine Schicht Asche und eine Schicht trockenen Sand geben. Das Perlhuhn in Lehm einpacken und in die Grube legen. Mit trockenem Sand bedecken, darüber wieder eine Schicht Kohle und eine Schicht Asche füllen. Dann das Loch mit trockenem Sand einebnen. Nach 12 Stunden das Perlhuhn an der vorher markierten Stelle ausgraben und die Lehmschicht mit einem Hammer aufbrechen. Die Federn werden mit dem Lehm automatisch entfernt. Das Perlhuhn mit Pfeffer und Salz würzen und als Beilage Maisbrei (z.B. Putu Pap) servieren.

Ein Omajova-Pilz

Fasanenschnitzel mit Omajova-Pilzfüllung

Zubereitung:

Die Fasanenbrüste waschen, trocken tupfen und vorsichtig mit einem breiten, großen Messer flach streichen. Sie sollten die Dicke von kleinen Schnitzeln haben. Das Fleisch pfeffern, die Champignons waschen, putzen und fein hacken. Die Kräuter fein hacken. Die Butter in einer Pfanne erhitzen und die Pilze darin anbraten, bis die Flüssigkeit verdampft ist. Dann die Kräuter hinzufügen, salzen und pfeffern. Die Pinienkerne hinein streuen. Den Parmesan mit einem Esslöffel Öl sowie den Eiern verrühren und 10 Minuten quellen lassen. Die Fasanenbrüste salzen und die Pilzmasse darauf verteilen. Die flachen Fasanenbrüste zusammenklappen und mit kleinen Holzspießchen fixieren. Die „Fasanenschnitzel" in Mehl, dann in Ei-Käse-Masse wenden. Im restlichen Öl von beiden Seiten 3 bis 4 Minuten braten.

Zutaten für 4 Portionen:

8 Fasanenbrüste (à 75 g)
250 g Omajova-Pilze
3 Zweige Majoran
½ Bund Basilikum
1 EL Butter
2 EL Pinienkerne, gehackt
50 g Parmesankäse, gerieben
4 EL Öl
2 Eier
3 EL Weizenmehl
8 Holzspießchen
Pfeffer aus der Mühle
Salz

Fasanen-Potjie

Eintopf, der über offenem Feuer in einem dreibeinigen, eisernen Topf gegart wird.

Zubereitung:

Den Fasan in Stücke zerlegen. In einem Potjie (ersatzweise kann man einen großen Kochtopf verwenden) über einem Feuer die Fasanenteile in Öl anbraten, bis sie eine braune Farbe angenommen haben. Die Zwiebel und den Knoblauch hinzugeben und die Zwiebel glasig werden lassen. Danach schichtet man die Karotten, die Kartoffeln, den Sellerie und die getrockneten Pfirsiche hinein und würzt mit dem Salz, dem Wein, den Zimtstangen, dem Lorbeerblatt und

Zutaten für 4 Portionen:

1 Fasan
2 Selleriestangen, gehackt
250 g getrocknete Pfirsiche
2 Zwiebeln, gehackt
6 Karotten, in Scheiben
5 Kartoffeln, in Scheiben geschnitten
1 Knoblauchzehe, gepresst
15 ml Öl
500 ml Weißwein, trocken
1 Zimtstange

2 Lorbeerblätter
5 Pfefferkörner
½ EL Salz

den Pfefferkörnern. Zugedeckt bei kleiner Hitze eine Stunde köcheln lassen, bis die Fasanenteile gar sind. Von Zeit zu Zeit prüfen, ob noch genug Flüssigkeit im Topf ist, ansonsten etwas Wasser hinzugießen. Vor dem Servieren die Zimtstangen, die Lorbeerblätter und die Pfefferkörner entfernen.

Fasanenbrust mit Kalahari-Trüffel

Zutaten für 4 Portionen:

4 Fasanenbrüste, mit Haut
Leber von 2 Fasanen
50 g Kalahari-Trüffel
1 Zwiebel, fein gehackt
2 EL Olivenöl
2 cl Weinbrand
½ TL Geflügelbrühe-Pulver
1 Rosmarinzweig
2 Lorbeerblätter
2 Salbeiblätter
1 Prs. Safran
2 EL Butter
Pfeffer aus der Mühle
Salz

Zubereitung:

Die Fasanenbrüste und die beiden Stücke Fasanenleber mit dem Safran, dem Geflügelbrühepulver, der Zwiebel, dem Olivenöl, dem Weinbrand, dem Rosmarin, dem Salbei und den Lorbeerblättern in einer Schüssel 8 Stunden marinieren. Dann die Fasanenbrüste herausnehmen und trocken tupfen. Die Hälfte der Butter in einer Pfanne erhitzen und die Fasanenbrüste auf beiden Seiten goldbraun braten. Danach aus der Pfanne nehmen und die Lebern in die Pfanne geben. Die Kräuter aus der Marinade entfernen und die Marinade zu der Leber gießen. In der Marinade bei leichter Hitze 10 Minuten köcheln lassen. Anschließend die Leber mit der Flüssigkeit im Mixer pürieren. Die restliche Butter in der Pfanne erhitzen, die Leberpaste dazugeben, salzen und pfeffern. Die Fasanenbrüstchen hineinlegen und durchwärmen. Auf einzelnen Tellern anrichten und die Trüffel darüber hobeln.

Eisbein-Potjie

Zutaten für 4 Portionen:

2 Eisbeine, geräuchert (à 800 g)
3 Zwiebeln, gehackt
500 g grüne Bohnen (Schnippelbohnen)

Zubereitung:

Einen gusseisernen Potjie über das Feuer stellen. Die Eisbeine hinein geben und darin anbraten, bis sie braun sind. Dann heißes Wasser hinzu gießen und die Eisbeine darin 1 bis 1,5 Stunden kochen lassen.

Dann die Eisbeine herausnehmen und das Fleisch vom Knochen lösen. Die Flüssigkeit in einen Topf abgießen. Anschließend das Olivenöl in den Potjie geben und 2 der gehackten Zwiebeln mit dem Fleisch vom Eisbein darin anbraten. Die Rinderbrühe, den Sherry, das Salz, den Pfeffer, das gehackte Gemüse und die Kochbrühe von den Eisbeinen hinzu geben und gar kochen lassen. Wenn nötig etwas Wasser zugeben. Zum Schluss die Pilze und die verbliebenen Zwiebelstücke hinzugeben und das Ganze mit etwas Mehl eindicken. Noch einige Minuten kochen lassen und mit Maisbrei servieren.

10 Kartoffeln
200 g Champignons
250 ml Rinderbrühe
60 ml Sherry, medium
60 ml Weinbrand
1 EL Olivenöl
Petersilie, gehackt
Pfeffer aus der Mühle
Salz

Fasanenbrust mit geräuchertem Springbockschinken

Zubereitung:

Die Brüste von den Fasanen lösen. Die Fasanenbrüste mit etwas Öl einpinseln und mehrere Stunden kühl stellen. Den restlichen Fasan klein hacken und in einem Schmortopf scharf anbraten. Die Zwiebel und das Suppengrün hacken und in den Schmortopf geben. Anziehen lassen und mit dem Weißwein ablöschen. Etwas einkochen lassen und in einen Kochtopf umfüllen. Wasser zugeben und eine Stunde simmern lassen. Anschließend durchsieben. Die Flüssigkeit weiter reduzieren. Die Fasanenbrüste salzen und pfeffern. In einem Bräter die Butter erhitzen. Die Brüste mit Springbockschinken umwickeln und in den Bräter geben. 8 Minuten auf die oberste Schiene in den Backofen garen. Danach den Ofen abschalten, die Ofentür öffnen, aber den Fasan im Bräter noch 3 Minuten ruhen lassen. Serviert wird die Fasanenbrust im Schinken. Die Bratensauce darüber geben und mit Gemüsebeilage servieren.

Zutaten für 4 Portionen:

2 Fasane
4 Scheiben Springbock-schinken
1 Bund Suppengrün (Sellerie, Karotte, Lauch)
1 Zwiebel
1 Lorbeerblatt
1 EL Wacholderbeeren
200 ml Weißwein
Öl

Gegrilltes Eisbein

Dieses Gericht benötigt einen Tag Vorbereitung. Es ist aber ein Highlight für jedes Braaivleis.

Zutaten für 4 Portionen:

6 Eisbeine, ungepökelt

Marinade:
3 Zwiebeln, fein gerieben
2 Knoblauchzehen, gehackt
5 EL Senf
1 EL Majoran, getrocknet
1 TL Oregano, gehackt
1 EL Petersilie, gehackt
Olivenöl
½ TL schwarzer Pfeffer aus der Mühle

Einweichwasser:
2 Liter Wasser
1 Zitrone
2 TL Salz

Zubereitung:

Die Schwarte der Eisbeine mit einem Messer einschneiden und so von der Fettschicht lösen, dass möglichst viel Fett am Fleisch bleibt. Für die Marinade alle Zutaten in eine Schüssel geben und soviel Olivenöl hinzu geben, bist unter Rühren eine streichfähige Paste entsteht. Die Eisbeine mit der Marinade bestreichen und in eine große Schüssel legen. Die Schüssel verschließen und im Kühlschrank 2 bis 3 Stunden marinieren lassen. In dieser Zeit das Einweichwasser bereiten, indem man das Wasser in einem Topf mit dem Salz aufkochen lässt. Anschließend vom Herd nehmen und den Saft der Zitrone hinzu gießen. Die restliche Zeit bis zum Ende der Marinierzeit das Wasser abkühlen lassen. Dann vorsichtig am besten mit der Schöpfkelle zu den Eisbeinen geben. Es soll sich möglichst wenig Marinade von den Eisbeinen lösen. Über Nacht im Kühlschrank erneut marinieren lassen. Vor dem Grillen die Eisbeine aus der Marinade nehmen und abtropfen lassen. Während des Grillens jedoch häufig mit der Marinade bestreichen. Dabei das Eisbein regelmäßig wenden. Wenn es gar ist, mit Senf, Sauerkraut und Brot servieren.

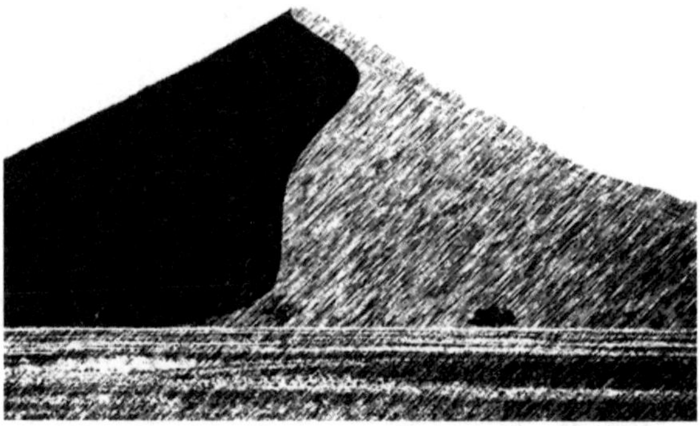

Düne bei Sossusvlei

Schweinshaxe am Spieß

Ein Rezept vom Oktoberfest in Namibia zu frisch gezapftem Windhoek Lager.

Zubereitung:

Die Schwarte in Rauten einschneiden und mit viel Pfeffer, Salz, Paprika, Wacholder und dem Knoblauch einreiben. Die aufgespießte Haxe mit großer Hitze anbraten und nach der Bläschenbildung auf der Schwarte den Spieß etwas weiter von der Hitze entfernt platzieren. Unter ständigem Drehen weiterbraten. Die Haxe 3,5 Stunden braten. Dabei sollte die Temperatur etwa 260 °C betragen. Durch das langandauernde Braten verliert die Haxe etwa 40 Prozent des Fetts, ohne dabei auszutrocknen. Dazu Bauernbrot und Senf servieren.

Zutaten für 1 Portion:

1 Schweinshaxe
5 Wacholderbeeren, im Mörser zerstoßen
5 Knoblauchzehen, im Mörser zerrieben
1 EL Paprikapulver
Pfeffer aus der Mühle
Salz

Eisbein auf Sauerkraut

Das Sauerkraut wird mit Chutney aromatisiert.

Zubereitung:

Das Schmalz in einem Schmortopf auslassen. Die Zwiebel fein hacken und im Schmalz andünsten. Dann das Sauerkraut hinzu geben und unter gelegentlichem Rühren kräftig durchschmoren lassen. Mit dem Kümmel, dem Zucker, Pfeffer und Salz, den Wacholderbeeren und dem Lorbeerblatt würzen. Den Weißwein zufügen und die Hitze auf die kleinste Stufe reduzieren. Das Eisbein auf das Sauerkraut legen und bei geschlossenem Deckel 30 Minuten garen. Anschließend das Eisbein wenden und weitere 45 Minuten auf dem Kraut köcheln lassen. Inzwischen die Kartoffeln kochen. Das Chutney unter das Sauerkraut rühren und auf eine vorgewärmte Platte füllen. Das Eisbein darauf anrichten. Den Senf und die Kartoffeln separat servieren und dazu ein Hansa Bier vom Fass einschenken.

Zutaten für 3 Portionen:

1 kg Eisbein
400 g Kartoffeln
400 g Sauerkraut
125 ml Weißwein
1 EL Chutney
1 EL Schmalz
½ Zwiebel
1 TL Wacholderbeeren
1 Lorbeerblatt
1 Prs. Kümmel
6 TL Senf
1 TL Zucker
Pfeffer aus der Mühle
Salz

Gebackene Stachelschweinhaut

Zutaten für 4 Portionen:

1 Stachelschweinhaut (Rugvel van Yestervark)
250 ml Weißwein, trocken
100 ml Orangensaft
Aprikosenmarmelade
Worcestersauce
Pfeffer
Salz

Salzlake:
175 ml Wasser
375 g Salz
5 g Salpeter
12 g Zucker

» Gebakte Yestervarkvel

Zubereitung:

Für die Salzlake die Zutaten aufkochen und gut abschäumen. Vom Herd nehmen und abkühlen lassen. Für die Zubereitung der Stachelschweinhaut die Stacheln von der Haut entfernen und anschließend kochendes Wasser über die Haut gießen. Die Haut mit der Rückseite einer Messerklinge sauber schaben. Die Haut abwaschen und danach 4 Stunden in der Salzlake einweichen. Aus dem Weißwein, den Gewürzen und dem Orangensaft eine Marinade herstellen. Die Haut aus der Salzlake nehmen, trocken tupfen und 4 Stunden in der Marinade ziehen lassen. Die Haut in eine Auflaufform geben und mit Aluminiumfolie abdecken. Im vorgeheizten Backofen bei mittlerer Hitze backen, bis die Haut weich ist. Während dieser Zeit die Haut mehrmals mit dem Fond aus der Auflaufform übergießen. Wenn die Haut weich ist, die Aluminiumfolie entfernen und vorsichtig weiterbacken, bis die Haut hellbraun ist. Dann die Haut mit der Worcestersauce sowie der Aprikosenmarmelade bestreichen und weiter backen, bis die Haut goldbraun geworden ist.

Alter Uhrturm in Windhoek

Elefantenherde

Fischgerichte

Swakopmund

Galjoenfilets in Safransauce

Zutaten für 4 Portionen:

4 kleine Galjoenfilets
4 EL Fischfond
1 Prs. Safranfäden
1 Knoblauchzehe
50 ml Weißwein, trocken
6 schwarze Oliven, fein gehackt
250 g Zucchini, fein gewürfelt
200 g Auberginen, fein gewürfelt
20 g Butter
einige Blätter Basilikum
2 EL Sahne
Blätterteig-Croutons
schwarzer Pfeffer aus der Mühle
Salz

Zubereitung:

Die Galjoenfilets leicht klopfen, damit sie sich beim Erhitzen nicht rollen. Eine Auflaufform mit Butter bestreichen und die Galjoenfilets hinein legen. Den Safran und den Knoblauch darüber streuen. Anschließend den Fischfond und den Weißwein angießen. In den auf 220 °C vorgeheizten Ofen geben. Nach 3 Minuten die Filets wenden und eine weitere 1 Minute im Ofen garen. Dann aus dem Ofen nehmen, die Kochflüssigkeit in einen kleinen Topf gießen. Die Galjoenfilets in der heißen Form zudecken und nachziehen lassen. Die Kochflüssigkeit aus der Auflaufform bei starker Hitze einkochen. Etwas Safran, Salz und die Oliven hinzufügen. Die Butter in einer Pfanne erhitzen und die Gemüsewürfelchen bei mittlerer Hitze knapp 2 Minuten andünsten. Den Basilikum hinzufügen, abschmecken und mit der Sahne eine halbe Minute einkochen. Die Galjoenfilets auf vorgewärmten Tellern anrichten, mit der Sauce übergießen. Mit dem Gemüse und den Blätterteig-Croutons servieren. Dazu einen kräftigen südafrikanischen Weißwein reichen.

Galjoen mit Erbsen

Zutaten für 4 Portionen:

4 Galjoenfilets
350 g frische Erbsen
3 Knoblauchzehen, gehackt
2 EL Petersilie, gehackt
Olivenöl
Pfeffer aus der Mühle
Salz

Zubereitung:

Das Olivenöl in einer Kasserolle erhitzen und den Knoblauch und die Petersilie darin andünsten. Die Tomaten grob hacken und mit den Erbsen hinzu geben. Bei mittlerer Hitze unter gelegentlichem Rühren eine halbe Stunde köcheln lassen. Dann die Galjoenfilets hinein geben, mit Pfeffer und Salz würzen und weitere 10 Minuten kochen lassen. Die Filets dabei wenden. Den Fisch auf heißen Tellern mit der Sauce anrichten und die Erbsen darüber geben. Dazu Reis oder Kartoffelbrei mit Butter servieren.

Galjoenfilets in Sherrysauce

Zubereitung:

Die Galjoenfilets salzen, pfeffern und mit Zitronensaft beträufeln. Das Olivenöl in einer Pfanne erhitzen und die Galjoenfilets darin braten. Anschließend aus der Pfanne nehmen und warm stellen. Den Bratensatz mit Sherry und der Sahne lösen und die Sauce aufkochen lassen. Die Hitze reduzieren und die Sauce mit kalten Butterflocken montieren. Dazu Salzkartoffeln servieren.

Zutaten für 4 Portionen:

4 Galjoenfilets
250 ml Sahne
100 ml Sherry
1 EL Butter
Zitronensaft
weißer Pfeffer aus der Mühle
Salz

Galjoen
im Atlantik

Gegrillter Galjoen mit Orangensauce

Zubereitung:

Die Zutaten, außer den Galjoenfilets und dem Olivenöl, in eine Schüssel geben und gut verrühren. Dann das Olivenöl unter ständigem Rühren langsam zugeben, bis alles gut durchmischt ist. Anschließend die Galjoenfilets in die Marinade legen und mit dieser bedecken. Zugedeckt im Kühlschrank 2 bis 3 Stunden marinieren lassen. Danach die Filets aus der Marinade nehmen und auf dem Holzkohlengrill von beiden Seiten gar grillen. Während dieser Zeit den Fisch mit der Marinade bestreichen. Die Galjoenfilets jedoch nicht zu lange auf dem Grillrost lassen, da das Fleisch sonst trocken wird. Die restliche Marinade in einem kleinen Topf erhitzen und beim Servieren über die Filets geben. Mit schmalen Streifen der Limettenschalen dekorieren. Dazu gegrilltes Gemüse und Reis servieren.

Zutaten für 4 Portionen:

4 Galjoenfilets
50 ml Ananassaft
50 ml Rum
50 ml Olivenöl
1 Limette, Saft davon, Schale in Juliennes geschnitten
5 EL Orangenmarmelade
1 EL Meerrettich
1 TL Tabascosauce
3 Knoblauchzehen, gehackt
2 Stängel Koriander, fein gehackt
½ TL schwarzer Pfeffer
½ TL Salz

Gebackener Anglerfisch

Zutaten für 4 Portionen:

1 kg Anglerfisch (auch Seeteufel oder Lotte genannt)
3 Zwiebeln, fein gehackt
125 g Omajova-Pilze, fein gehackt
125 g Butter, in Stücken
100 ml Weißwein, trocken
1 Bund Petersilie, fein gehackt
50 g Semmelbrösel
Pfeffer aus der Mühle
Salz

Zubereitung:

Den Anglerfisch säubern und in dicke Tranchen schneiden. Je die Hälfte der Schalotten und der Omajova-Pilze auf den Boden eines Schmortopfes geben. Die Anglerfischscheiben drauflegen und mit Salz und Pfeffer würzen. Mit den restlichen Schalotten und Pilzen, der Petersilie, der Butterstücke und dem Weißwein bedecken und mit den Semmelbrösel bestreuen. Im auf 220 °C vorgeheizten Backofen etwa 15 Minuten backen, bis die Oberfläche goldbraun und knusprig und die Sauce auf eine dickliche Konsistenz eingekocht ist. Dazu Reis oder Kartoffeln reichen.

Kabeljau mit Swakop-Spargel

» Asparagus-Kabeljau-Bake

Ein Rezept mit frischem grünen Spargel, der im Flussbett des Swakop wächst.

Zutaten für 4 Portionen:

500 g Kabeljaufilet
500 g Swakop-Spargel, gekocht
3 Orangen
100 ml Weißwein
150 ml Sahne
1 Zwiebel, fein gehackt
50 g Butter
Petersilie, gehackt

Zubereitung:

Das Kabeljaufilet in dünne Scheiben schneiden. Eine Auflaufform mit Butter bestreichen. Die Orangen auspressen und etwas Schale für die Garnierung raspeln. Etwas Butter in einer Pfanne erhitzen und die Zwiebel darin weich dünsten. Dann den Orangensaft, den Weißwein und die Sahne hinzugießen. Die Flüssigkeit auf die Hälfte einkochen lassen und durch ein Sieb geben. Die kalte Butter darunter schlagen. Die Kabeljaustreifen und den Swakop-Spargel abwechselnd in die Auflaufform legen. Mit der Soße übergießen und im vorgeheizten Backofen bei eingeschaltetem Grill 4 bis 5 Minuten überbacken, bis der Fisch gar ist.

Fisch in Namibian Style-Tomatensauce

Zubereitung:

Den Fisch in walnussgroße Stücke schneiden. Mit Pfeffer und Salz würzen, das Mehl in einen Teller geben und die Fischstücke darin panieren. Die Butter in einer Pfanne erhitzen und den Fisch von allen Seiten gut anbraten. Die Zwiebeln, den Knoblauch und die Pfefferschote klein schneiden und hinzufügen. Die Zwiebeln goldgelb braten. Dann die gehäuteten, kleingewürfelten Tomaten beifügen und den Essig und den Zucker unterrühren. Anschließend 10 Minuten köcheln lassen und in der Zwischenzeit den Reis in einem separaten Topf kochen. Den Reis auf Teller verteilen. Den Fisch und die Sauce darauf geben. Die Petersilie hacken und vor dem Servieren über den Fisch streuen.

Zutaten für 4 Portionen:

600 g Fisch, festkochend
250 g Reis
5 Tomaten
2 Zwiebeln
2 Knoblauchzehen
1 EL Essig
2 TL Zucker
1 Pfefferschote
1 Bund Petersilie
Butter
Mehl
Pfeffer aus der Mühle
Salz

Fischpastete

» Fish Pie

Zubereitung:

Die Kartoffeln in Wasser kochen und abkühlen lassen. Dann pellen, stampfen und zur Seite stellen. Die Butter in einer Kasserolle erhitzen und die Zwiebel darin anbraten. Den Pfeffer, das Salz, die Kräuter und das Senfpulver zugeben. Den Fisch entgräten und würfeln. Dann den Fisch und das Tomatenpüree zugeben. Eine halbe Tasse der gestampften Kartoffeln und ein leicht geschlagenes Ei zugeben. In eine gebutterte Form geben. Darüber den Rest des Kartoffelpürees geben. Dieses mit dem restlichen mit 2 Esslöffeln Wasser aufgeschlagenem Ei bestreichen. Im vorgeheizten Ofen bei 140 °C etwa 30 Minuten backen, bis die Fischpastete goldbraun ist. Zum Servieren in Stücke schneiden.

Zutaten für 4 Portionen:

600 g gekochte Fische, abgekühlt
7 Kartoffeln
2 Zwiebeln, gehackt
2 Tomaten, püriert
1 TL Senfpulver
2 Eier
60 g Butter
½ EL Kräuter, gemischt
Wasser
½ EL schwarzer Pfeffer aus der Mühle
½ EL Salz

Kabeljau Curry

» Cob Curry

Zutaten für 4 Portionen:

700 g Kabeljau
1 EL Butter
1 Zwiebel
60 ml Rosinen
2 Knoblauchzehen, zerrieben
1 Jalapeno Chili, gehackt, entkernt
1 EL Ingwer, gerieben
½ Würfel Hühnerbrühe, zerbröselt
2 TL Currypulver
250 ml Kokosnussmilch
3 TL Petersilie, gehackt
½ TL Salz

Zubereitung:

Den Kabeljau („cob") in nussgroße Stücke schneiden. Die Butter in eine Kasserolle geben und bei mittlerer Hitze schmelzen lassen. Darin die Zwiebeln unter gelegentlichem Rühren anbräunen. Die Rosinen, den Knoblauch, den Ingwer, den Chili, den Brühwürfel, den Curry und das Salz hinzugeben und gut umrühren, um das Aroma zu entwickeln. Dann die Kokosmilch hineingeben und bei milder Hitze simmern lassen. Nach Geschmack kann auch etwas Sahne hinzu gegeben werden. Wenn die Sauce zu dünn ist, mit etwas Maisstärke andicken. Dann die Kabeljaustücke hinein geben und etwa 5 Minuten gar kochen. Zum Servieren die Petersilie darüber streuen und mit Reis servieren.

Kabeljau-Würfel mit Curry

Zutaten für 4 Portionen:

750 g Kabeljaufilet
2 Zwiebeln
1 Bund Petersilie
2 Eiweiß
50 g Butter
1 EL Currypulver
1 TL Zitronenschale, gerieben
2 TL Speisestärke
3 EL Öl
Salz

Zubereitung:

Das Kabeljaufilet in walnussgroße Stücke schneiden. Die Zwiebeln schälen und in sehr feine Würfel schneiden. Die Petersilie vom Stiel pflücken und ebenfalls fein hacken. Den Kabeljau mit etwas Salz, dem Curry, den Zwiebelstücken, der Petersilie und der Zitronenschale vermengen und zugedeckt 2 Stunden an einem kühlen Ort marinieren lassen. Danach das Eiweiß etwas aufschlagen und mit den Fisch vermischen. Die Speisestärke darüber stäuben. Das Öl und die Butter in einer Pfanne erhitzen und die Kabeljauwürfel darin unter Wenden braten. Mit Reis und dem Bratfett servieren.

Rotbarsch in Tatarensauce

Rotbarsch wird im südlichen Afrika Kyenam genannt.

Zubereitung:

Die Fische ausnehmen, die Köpfe jedoch nicht abtrennen. Anschließend waschen, trocken tupfen, salzen, pfeffern und in Mehl wenden. Die Butter in einer Pfanne erhitzen und die Fische von allen Seiten darin braten. Zur Seite stellen. Das Öl in einer Pfanne erhitzen und die Zwiebeln und den Knoblauch darin anbraten. Die gewürfelten Tomaten beifügen und mit Pfeffer würzen. 5 Minuten bei geschlossenem Deckel köcheln lassen. Die Fische hinzugeben und weitere 10 Minuten köcheln lassen. Dann die Fischbrühe und den Zitronensaft zugießen und vom Herd nehmen. Die Fische aus der Sauce nehmen und auf einer Platte anrichten. Für die Tatarensauce 2 hartgekochte Eier halbieren, das Eigelb herauslösen und mit Mayonnaise, Senf, gehackten Kräutern, Salz und weißem Pfeffer verrühren. Die Sauce über die noch heißen Fische gießen. Dazu Salzkartoffeln reichen.

Zutaten für 4 Portionen:

4 ganze Rotbarsche
4 EL Mehl
3 Zwiebeln, gehackt
3 Knoblauchzehen, gehackt
8 Tomaten
250 ml Fischbrühe
1 Zitrone, Saft davon
Butter
Erdnussöl
Pfeffer aus der Mühle

Tatarensauce:
2 Eigelb, hartgekocht
4 EL Mayonnaise
1 TL Senf, scharf
½ Bund Schnittlauch
4 Stängel Kerbel
4 Stängel Estragon
4 Stängel Petersilie
2 EL Zitronensaft
1 Prs. Zucker
weißer Pfeffer aus der Mühle
Salz

Walvis Bay Fischpfännchen

Zubereitung:

Die Garnelen in einem Pfännchen in Weißwein dämpfen. Die geschälten Zwiebeln in dünne Scheiben schneiden. Die Fischfilets abspülen, trocken tupfen, in Streifen schneiden und mit Salz und Pfeffer würzen. Danach im Mehl wenden. Drei Esslöffel Butter in einer Pfanne erhitzen und den Fisch darin auf beiden Seiten goldgelb braten. Anschließend aus der Pfanne nehmen und im Backofen warm halten. In den Bratensatz den verbliebenen Esslöffel Butter geben, erhitzen und die Zwiebelscheiben darin bräunen. Die Fleischbrühe dazugeben und die heiße Sauce über die Fische geben.

Zutaten für 4 Portionen:

750 g Fischfilets (King Klip, Seezungenfilets, Scheiben vom Seehecht)
250 g Riesengarnelen
2 Zwiebeln
5 EL Mehl
4 EL Butter
Fleischbrühe
200 ml Weißwein, trocken
Pfeffer aus der Mühle
Salz

Fisch-Curry

Zutaten für 4 Portionen:

500 g Snoekfilet (gehört zur Familie der Barrakudas)
200 g Scampis
125 ml Hühnerbrühe
5 Tomaten
1 TL Zitronensaft
125 ml Wasser
20 g Butter
20 g Mehl
2 EL Sahne
1 TL Zucker
1 EL Curry
Pfeffer aus der Mühle
Salz

Zubereitung:

Das Snoekfilet unter fließendem Wasser kurz abspülen, trocken tupfen, mit Zitrone säuern und salzen. In einem Topf das Wasser zum Kochen bringen, den Fisch hinein geben und etwa 7 Minuten dünsten. Anschließend den Fisch herausnehmen, in mundgerechte Stücke schneiden und warm stellen. Den Fischfond aufbewahren. In einem zweiten Topf die Butter erhitzen, das Mehl hinzufügen und einrühren. Unter ständigem Rühren die Fischbrühe zugießen und so lange rühren, bis eine glatte Sauce entstanden ist. Mit dem Curry würzen und die Hühnerbrühe einrühren. Die Sauce sollte noch dicklich bleiben. Dann die Scampis hinzufügen. Die Tomaten mit kochendem Wasser überbrühen, häuten, in Viertel schneiden und in die Sauce geben. Noch einmal kurz erhitzen, die Sahne einrühren und mit weißem Pfeffer und Salz würzen. Dazu gekochten Reis und einen frischen Salat reichen.

Seehecht mit Swakop-Spargel, Erbsen und Champignons

Zutaten für 4 Portionen:

750 g Seehecht, in Scheiben geschnitten
500 g Swakop-Spargel, frisch gekocht
200 g Champignons
200 g Erbsen, gekocht
250 ml Olivenöl
3 Eier, hartgekocht
1 Bund Petersilie
5 Knoblauchzehen
etwas Mehl
Wasser Salz

Zubereitung:

Die Knoblauchzehen in feine Scheiben schneiden und in Olivenöl anbraten. Den Fisch waschen, trocken tupfen und im Mehl wenden. Anschließend im Öl braten. Die Champignons in Scheiben schneiden, den Spargel in Stücke schneiden und mit den Erbsen und den in Scheiben geschnittenen Eiern auf den Fisch geben. Etwas Wasser dazugeben und mit Salz abschmecken. Vor dem Servieren noch 10 Minuten köcheln lassen.

San

Butterfisch gebraten

Zubereitung:

Die Butterfischstücke waschen, trocken tupfen, mit Zitronensaft einreiben und salzen. Das Mehl in einen Teller geben und die Fischstücke darin wenden. Das Öl in einer Pfanne erhitzen und etwa 10 bis 15 Minuten unter gelegentlichem Wenden braten. Dazu Pommes frites servieren.

Zutaten für 4 Portionen:

800 g Butterfisch, küchenfertig, in Stücke geschnitten
1 Zitrone, Saft davon
Mehl
Öl, zum Braten
Salz

Haifisch-Confit

Zubereitung:

Das Haifischsteak oder -filet mit Salz und Pfeffer würzen. Die anderen Zutaten in einen Topf geben und bei schwacher Hitze 12 Minuten köcheln und anschließend abkühlen lassen. Das Haifischsteak/-filet in eine Auflaufform legen, das Gewürz-Öl darüber gießen und mit Aluminiumfolie abdecken. Die Aluminiumfolie mehrere Male mit einer Gabel einstechen. Im auf 100 °C vorgeheizten Backofen 2 Stunden garen.

Zutaten für 4 Portionen:

500 g Haifischsteak oder -filet
2 Zweige Rosmarin
5 Knoblauchzehen, gehackt
1 rote Chilischote, gehackt
1 Orange, in Scheiben geschnitten
1 Zitrone, in Scheiben geschnitten
weißer Pfeffer aus der Mühle
Salz

Fang an der Küste

Gegrilltes Haifischsteak

Zutaten für 1 Portion:

200 g Haifischsteak
2 Knoblauchzehen
200 ml Olivenöl
½ TL Chili, gemahlen
4 Zweige Rosmarin
3 EL Zitronensaft
weißer Pfeffer aus der Mühle
Salz

Zubereitung:

Das Haifischsteak waschen, trocken tupfen und in eine Schüssel geben. Die sonstigen Zutaten verrühren und über das Haifischsteak gießen. Abgedeckt über Nacht im Kühlschrank marinieren. Für die Zubereitung etwas Marinade in einer Pfanne erhitzen und das Steak bei starker Hitze von jeder Seite je nach Dicke 1 bis 2 Minuten braten. Dazu Salat und Kartoffelsalat servieren.

Desert Coast Haifischsteaks

Zutaten für 4 Portionen:

4 Haifischsteaks
250 ml Sahne
100 ml Sherry
1 EL Butter
Zitronensaft
weißer Pfeffer aus der Mühle
Salz

Zubereitung:

Die Haifischsteaks salzen, pfeffern und mit Zitronensaft beträufeln. Das Olivenöl in einer Pfanne erhitzen und Haifischsteaks braten. Anschließend aus der Pfanne nehmen und warm stellen. Den Bratensatz mit Sherry und der Sahne lösen und die Sauce aufkochen lassen. Die Hitze reduzieren und die Sauce mit Butterflocken montieren. Dazu Reis servieren.

Auf Tomatensauce gedünsteter Hai

Zubereitung:

Die Zwiebeln und die Tomaten fein hacken. In eine Pfanne geben und mit Wasser auffüllen, bis das Gemüse bedeckt ist. Bei mittlerer Hitze und unter gelegentlichem Rühren zu einem dicken Brei einrühren. Vom Herd nehmen und etwas Salz, die Lorbeerblätter, den größeren Teil der Zitronenscheiben und das Olivenöl hinzugeben. Die Haifischsteaks darauf legen, mit den verbliebenen Zitronenscheiben und einer dicken Schicht Petersilie bedecken. Den Deckel darauf geben und bei nicht zu starker Hitze 20 Minuten garen.

Zutaten für 4 Portionen:

4 Haifischsteaks oder -filets
4 Tomaten
2 Zwiebeln
1 Zitrone, in dünnen Scheiben geschnitten
4 EL Olivenöl
4 EL Petersilie, gehackt
2 Lorbeerblätter
Salz

Butterfisch

» Bottervis

Zubereitung:

Die Zwiebeln mit geputztem und in Würfel geschnittenem Suppengrün, den Gewürzen, dem Essig und etwas Salz 15 Minuten in etwas Wasser kochen. Den Fisch waschen, trocken tupfen, salzen und zu dem kochenden Gemüse geben. Bei geschlossenem Deckel 15 bis 20 Minuten garen. Anschließend den Fisch herausnehmen, filetieren und warm stellen. Die Kochbrühe durch ein Sieb geben und auffangen. Die Butter in einem Topf erhitzen, etwas Mehl hinzugeben und eine helle Schwitze bereiten. Mit einem halben Liter der Brühe gut verrühren und 10 Minuten köcheln lassen. Die Hitze reduzieren, die Sahne, den Dill und die Petersilie hinein rühren und mit den Eigelb legieren. Die Sauce mit Pfeffer, Salz und etwas Zucker abschmecken. Anschließend den Fisch darin erwärmen. Dazu Salzkartoffeln und Swakop-Spargel reichen.

Zutaten für 4 Portionen:

1 kg Butterfisch
1 Zwiebel, gehackt
1 Lorbeerblatt
3 Gewürzkörner
3 Pfefferkörner
1 Bund Suppengrün (Lauch, Karotte, Sellerie, Petersilie)
1 ½ EL Essig
30 g Butter
30 g Mehl
130 ml saure Sahne
1 EL Dill, gehackt
2 Eigelb
2 EL Petersilie, gehackt
1 Msp. Zucker
Pfeffer aus der Mühle
Salz

Walfish Bay Paella

Zutaten für 4 Portionen:

600 g Fisch (Kingklip, Kabeljau)
16 Miesmuscheln
200 g Schrimps
12 Garnelen, geschält
600 ml Tintenfischringe
1 Zwiebel, grob gehackt
1 Chilischote, fein gehackt
125 ml Olivenöl
3 Landjäger (Würste), in 1 cm dicke Scheiben geschnitten
1 Dose, ganze, geschälte Tomaten
250 ml Weißwein, trocken
250 ml Hühnerbrühe
4 Knoblauchzehen, fein gehackt
4 Lorbeerblätter
2 EL Paprikapulver
1 TL Kurkuma

Zubereitung:

In einer großen Brat- oder Paellapfanne das Olivenöl erhitzen und darin den Knoblauch, die Zwiebel und die Chilischote anbraten. Dann die Landjäger, das Paprikapulver sowie das Kurkuma hinzugeben und 2 Minuten kräftig braten. Mit dem Wein und der Hühnerbrühe ablöschen. Die Tomaten und die Lorbeerblätter hinein geben und alles 2 Minuten kochen lassen. Danach die Temperatur reduzieren. Den Fisch in 2-3 Zentimeter große Würfel schneiden, in die Pfanne geben, zwei Minuten simmern lassen, dann die Garnelen zugeben. Wieder zwei Minuten simmern lassen und dann die Tintenfischstreifen und die Shrimps zugeben. Nun durchrühren und die Muscheln oben auf platzieren. Einen Deckel darauf geben, alles leicht dämpfen. Darauf achten, dass das Gericht serviert wird, sobald es gar ist (nicht verkochen lassen). Mit Reis oder Weißbrot servieren.

Gebackener Blaufisch

Zutaten für 6 Portionen:

1 kg Blaufischfilets
125 ml Milch
250 ml Semmelbrösel
125 g Butter
2 EL Zitronensaft
Pfeffer aus der Mühle
Salz

» Baked Bluefish

Zubereitung:

Die Milch in eine Schüssel gießen und die Blaufischfilets darin wenden. Anschließend mit Pfeffer und Salz würzen, in eine gebutterte Auflaufform geben und mit den Semmelbröseln bedecken. Die Butter in Flocken auf die Semmelbrösel legen. Im vorgeheizten Backofen 10 bis 12 Minuten backen. Wenn der Fisch gar ist, diesen aus dem Ofen nehmen und in der Auflaufform servieren.

Eingelegter Fisch

» Pickled Fish

In Namibia wird er traditionell mit Barrakuda gemacht.

Zutaten für 4 Portionen:

500 g Barrakuda, filetiert
2 Zwiebeln, in Scheiben geschnitten
60 ml Wasser
2 TL Zucker
1 Prs. Cayennepfeffer
1 TL Koriander
125 ml Essig
½ TL Kurkuma
1 TL Curry
1 TL Ingwer Pulver
2 Lorbeerblätter
1 Prs. Salz

Zubereitung:

Das Barrakudafilet in mundgerechte Stücke schneiden. Alle Zutaten in eine Pfanne geben und 20 Minuten kochen lassen. Die Fischstücke in die Pfanne legen und für weitere 20 Minuten köcheln lassen. Dabei hin und wieder vorsichtig umrühren, den Fisch dabei aber nicht zerstören. Die Fischstücke mit einer Gabel in ein Glas schichten und mit der Curry-Sauce übergießen. Anschließend abkühlen lassen und mit verschlossenem Deckel für mindestens 3 Tage im Kühlschrank reifen lassen. Serviert wird Pickled Fish kalt mit Graubrot und Butter.

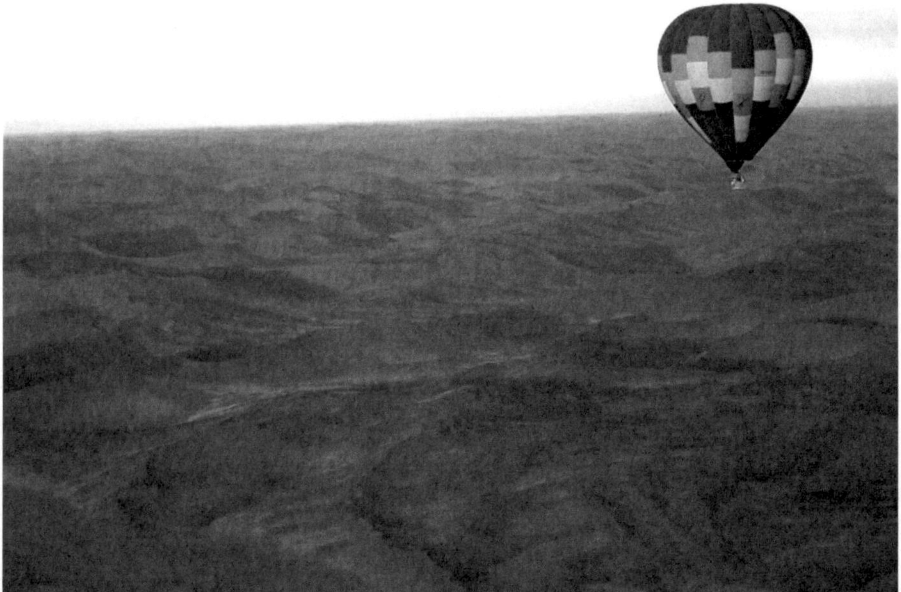

Im Ballon über Sossusvlei

Schalen- & Krustentiere

Kolmannskuppe

Namibian Surf `n´ Turf

Zutaten für 4 Portionen:

4 Crayfish („Kreef" Languste/Felsenhummer)
4 Oryxsteaks
250 g Zuckerschoten
250 g kleine Möhren
250 g Frühlingszwiebeln, Knolle mit 6 cm Stiel
50 g Butter
2 EL brauner Zucker
2 EL Öl
250 ml Rotwein
etwas Zitronensaft
Rinderbrühe oder -fond
Pfeffer aus der Mühle
Salz

Zubereitung:

In einer Pfanne Öl erhitzen und die Steaks darin scharf anbraten. Je nach Dicke 3 bis 5 Minuten von jeder Seite. Danach in Aluminiumfolie einwickeln und im Ofen gar ziehen lassen. Den Bratenfond mit Zitronensaft ablöschen und den Rinderfond angießen. Langsam einkochen lassen. Mit Rotwein, Salz und Pfeffer abschmecken. Das Gemüse putzen und in Salzwasser leicht ankochen. In Eiswasser abschrecken. Butter schmelzen und den Zucker darin karamellisieren lassen. Dann das Gemüse darin schwenken und langsam gar ziehen lassen, es soll bissfest bleiben. Den Hummer in kochendem Salzwasser für wenige Minuten erhitzen. Den Hummerschwanz aus der Schale lösen. Die Scheren jeweils auf einem Teller anrichten. Das Gemüse auf den Teller geben. Das Steak in der Tellermitte platzieren und den Hummerschwanz darauf setzen. Mit Sauce übergießen und sofort servieren. Dazu frisches Baguette reichen.

Gegrillte Austern mit frischen Gewürzen

Zutaten für 4 Portionen:

24 Swakopmund-Austern
3 EL Olivenöl
½ Tasse Zitronensaft
1 TL Paprikapulver
Pfeffer aus der Mühle
1 Prs. Salz

Zubereitung:

Die obere Schale der Auster ablösen und die Auster im Muschelbett laschen. Die weiteren Zutaten in einer Schüssel mischen. Die Austern mit ein paar Tropfen der Mischung bespritzen und dann auf dem Grillrost platzieren. Die Grillkohle sollte nicht zu heiß sein. Beim Grillen den Deckel der Austern wieder auf den Austern platzieren und 10 bis 15 Minuten grillen. Mit Salz und Baguette servieren.

Gegrillte Austern

Zubereitung:

Die gebürsteten Austernschalen mit dem Austernbrecher öffnen, die Austern auslösen und mit etwas Zitronensaft beträufeln. Jede mit einer kleinen Scheibe Frühstücksspeck umwickeln. Dann auf einen Zahnstocher stecken und rundum 3 bis 4 Minuten goldbraun grillen. Dazu Baguette reichen.

Zutaten für 4 Portionen:

24 Walvis Bay-Austern
Zitronensaft
Frühstücksspeck

Austerntatar

Zubereitung:

Die Austern säubern und mit einem Austernbrecher öffnen. Das Austernwasser auffangen und beiseite stellen. Das Muschelfleisch aus der Schale lösen und fein hacken. Dann in eine Schüssel geben. Die Fleischtomate mit heißem Wasser blanchieren, häuten und entkernen. In kleine Würfel schneiden und zu den Austern geben. Die Frühlingszwiebeln putzen, waschen, fein hacken und ebenfalls zu den Austern geben. Alles gut mischen und mit dem Pfeffer abschmecken. Die Mischung in die tiefen Austernschalen geben und mit dem Austernsaft auffüllen. Vom frischen Dill einige Stängel abzupfen und die Austern damit garnieren.

Zutaten für 4 Portionen:

12 Austern
1 Fleischtomate
4 Frühlingszwiebeln
etwas Dill
schwarzer Pfeffer aus der Mühle

Frische Austern

Zubereitung:

Die Eisstückchen auf einer Schale anrichten. Die Austern sorgfältig abbürsten, öffnen und den Bart entfernen. Die Austern vorsichtig mit dem Austernwasser auf dem Eis anrichten. Die Zitrone achteln und dazu servieren. Getränkeempfehlung: trockener südafrikanischer Weißwein, gut gekühlt.

Zutaten für 1 Portionen:

6 oder 12 Austern
½ Zitrone
Eisstückchen, zerstoßen

Austern mit Käse-Zitronensahne

Zutaten für 4 Portionen:

24 Austern
2 Zitronen
3 Eigelb
50 g Parmesan
200 g Crème double
Cayennepfeffer
Tabasco-Sauce
Pfeffer aus der Mühle
Salz

Zubereitung:

Die Austern öffnen und das Austernwasser in einem Topf sammeln. Die Austern aus der Schale lösen. Entbarten und in dem Austernwasser bei schwacher Hitze langsam steif werden lassen. Sie sollen nicht kochen. Die Zitronenschale abreiben und den Saft auspressen. Den Zitronensaft, die Schale, die Crème double, den Hartkäse (z.B. Parmesan) und Eigelb verrühren. Mit Salz, Pfeffer und einem Spritzer Tabasco abschmecken. Die Austern in der Schale mit der Masse gratinieren.

Meeresfrüchte-Topf

» Seafood Potjie

Zutaten für 4 Portionen:

12 Miesmuscheln mit Schale
12-16 Garnelen mit Schale
2 Kalamari-Steaks, in Streifen geschnitten (Tintenfisch)
4 Fischfilets, festkochend
400 ml Weißwein, trocken
220 g Frischkäse
1 rote Pfefferschote, fein gehackt
6 Knoblauchzehen, zerdrückt
125 ml Olivenöl
4 EL Petersilie, gehackt
4 EL Koriandergrün, gehackt
2 Zwiebeln, fein gehackt
Muskatnuss, gerieben
1 Spritzer Zitronensaft
1 EL Limonenschale, gerieben
2 Würfel Hühnerbrühe
schwarzer Pfeffer aus der Mühle
Salz

Zubereitung:

Das Öl in einer Kasserolle erhitzen, dann in der folgenden Reihenfolge die Kasserolle beschichten: Miesmuscheln, Kalamari, Garnelen, roter Pfeffer, Knoblauch, Limonenschale, Fisch, Zwiebeln. Die Brühwürfel darüber bröseln und anschließend den Wein und den Zitronensaft darüber gießen. Nun die Petersilie darüber streuen. Den Deckel darauf geben und simmern lassen, bis die Zutaten gar sind. Pfeffer, Salz und Koriandergrün zugeben. Den Frischkäse einrühren und heiß mit Brot servieren.

Lüderitz

Garnelen mit Zitronensauce

Zubereitung:

Die Knoblauchzehen mit Salz zerdrücken, mit Thymian, Oregano und Öl zu einer Marinade verrühren. Die abgewaschenen Garnelen schälen und eine halbe Stunde darin ziehen lassen. Dann in der Pfanne garen. Für die Sauce Eigelb, Weißwein und Zitronensaft in einem Topf glatt rühren. Mit der Zitronenschale, Worcestersauce, Salz und Pfeffer abschmecken. Im Wasserbad oder auf der Herdplatte zu einem festen Schaum aufschlagen. Aber Vorsicht, nicht zu heiß, sonst wird das Ei flockig. Die Butter erwärmen, bis sie flüssig wird und handwarm, tröpfenweise unter den Ei-Schaum rühren. Sauce und Garnelen getrennt servieren. Dazu Weißbrot reichen.

Zutaten für 4 Portionen:

16 große Garnelenschwänze
4 Knoblauchzehen
125 ml Weißwein
1 EL Thymian
1 EL Oregano
125 ml Öl
4 Eigelb
1 Zitrone, Saft davon
1 EL Zitronenschale, abgerieben
1 TL Worcestersauce
250 g Butter
schwarzer Pfeffer aus der Mühle
Salz

Gefüllte Taschenkrebse

Taschenkrebse werden in Walvisbay und Swakopmund mit Ködern gefangen.

Zubereitung:

Die Krebse gründlich waschen. Das Wasser in einem großen Topf zum Kochen bringen und die frischen Krebse nacheinander in das Wasser geben. Nach jedem Krebs das Wasser wieder zum Kochen bringen. Die Krebse darin 20 Minuten kochen. Anschließend aus dem Topf nehmen und gut abtropfen lassen. Nun den Rückenpanzer vorsichtig vom Bauchpanzer trennen. Etwas abkühlen lassen und das Krebsfleisch aus dem Körper und den Scheren lösen. Mit dem Messer sehr fein hacken. Das Schweinefleisch im Mixer fein hacken. Die Zwiebel, den Knoblauch und den mit den restlichen Zutaten in einer Schüssel zu einer glatten Farce verarbeiten und in die Krebsschalen füllen. Die gefüllten Krebsschalen in einem zugedeckten Topf über ein Wasserbad setzen und 30 Minuten dämpfen. Dann aus dem Topf nehmen

Zutaten für 4 Portionen:

4 Taschenkrebse
125 g Schweinefleisch, mager
1 Zwiebel, fein gehackt
2 Knoblauchzehen, sehr fein gehackt
½ TL Ingwerwurzel, gerieben
1 TL Koriandergrün, gehackt
1 EL Crème fraîche
25 g Speisestärke
1 Ei
4 L Wasser
Öl zum Ausbacken
Pfeffer aus der Mühle
Salz

und abkühlen lassen. Vor dem Servieren das Öl in einem großen Topf erhitzen und die gefüllten Krebse darin in 2 Minuten goldbraun ausbacken. Dazu Baguette und Salat reichen.

Crayfishsalat mit Sellerie-Vinaigrette

Zutaten für 4 Portionen:

2 Crayfish (Felsenhummer/ alternativ: Languste: à 600 g), gekocht
Gelber Frisée-, Lollo Rosso, Rucola, Feldsalat (insgesamt 200 g Salat)
8 Stangen grüner Spargel
12 Honigmelonenkugeln

Sellerie-Vinaigrette:
40 g geriebener Sellerie
1 EL Sesamöl
1 EL Zitronensaft
1 EL Hühnerbrühe
1 EL Schalotten, fein gehackt
1 EL Petersilie, gehackt
Zucker
Pfeffer aus der Mühle
Salz

Zubereitung:

Das Crayfishfleisch aus der Schale brechen und zur Seite stellen. Den Salat putzen, waschen und abtropfen lassen. Den Spargel etwa 10 Minuten in Salzwasser garen und in 3 cm lange Stücke schneiden. In einer Schüssel alle Zutaten für die Sellerie-Vinaigrette verrühren und abschmecken. Das Crayfishfleisch in der Butter etwa 2 Minuten leicht braten. Die Vinaigrette über den Salat geben und auf Tellern anrichten. Den gebratenen Crayfish dazugeben, mit dem Spargel und den Melonenkugeln garnieren.

Crayfish

Mit Ochsenmark gratinierter Felsenhummer vom Holzkohlengrill

Frischen Hummer („Crayfish“ genannt) gibt es vor allem in Swakopmund, Lüderitz und Walvis Bay.

Zutaten für 2 Portionen:

1 Felsenhummer, frisch (600 g / alternativ: Languste)
100 g Ochsenmark
20 g Schalotten
20 g Petersilie
1 Scheibe Toastbrot
20 g Butter
weißer Pfeffer aus der Mühle
¼ TL Salz

Sauce Hollandaise:
120 g Butter
2 Eigelb
¼ TL Zitronensaft
2 EL Wasser, kalt
Pfeffer aus der Mühle
Salz

Zubereitung:

Den lebenden Hummer in kochendes Wasser legen und 3 bis 4 Minuten darin kochen. Dann herausnehmen und mit einem großen Messer über den Rücken längs halbieren. Die Scheren mit der stumpfen Seite des Messers aufklopfen, damit die Hitze beim Grillen schneller zum Scherenfleisch vordringen kann und dieses gleichzeitig mit dem Fleisch des Körpers gart. Die Hummer-Hälften mit der Fleischseite nach unten auf den Grill legen und leicht rösten. Anschließend wenden und auf der Panzerseite fertig grillen. Für die Füllung das Ochsenmark durch ein Sieb streichen, mit einem Schneebesen schaumig rühren. Die Zwiebeln und die Petersilie sehr fein hacken und anschließend vermischen. Das Toastbrot in feine Würfel schneiden. Die Butter in einer Pfanne erhitzen und die Toastwürfel darin goldgelb braten. Mit dem Salz und dem Pfeffer würzen und unter das Mark rühren. Auf die Hummerhälften geben und unter dem vorgeheizten Grill im Backofen gratinieren. Für die Sauce Hollandaise zunächst Butter in einem Topf auslassen und einmal aufschäumen lassen. In eine kleine Kanne mit Ausgießer füllen und das Butterfett absetzen lassen. Die Eigelb mit Zitronensaft, Wasser, Pfeffer und Salz im Wasserbad schaumig rühren und die Butter zunächst tropfenweise, dann im feinen Strahl zugießen. Dabei kräftig rühren. Die Sauce darf nicht kochen, sonst gerinnt sie. Den Hummer mit Sauce Hollandaise servieren. Dazu Baguette und gut gekühlten, trockenen südafrikanischen Weißwein reichen.

Felsenhummer in der Salzkruste mit Zitronenbutter

Zutaten für 4 Portionen:

2 Felsenhummer (Crayfish/ alternativ: Languste), vorgegart
2 kg Meersalz
2 Eiweiß
Zitronenbutter (siehe Saucen)
20 ganze Sternanis
2 EL Koriandersamen

Zubereitung:

Das Ei leicht verschlagen und in einer großen Schüssel mit dem Meersalz, den Koriandersamen und dem Sternanis mischen. Etwas von der Salzmischung flach auf ein Backblech geben und die Langusten darauf setzen. Das restliche Meersalz über die Langusten geben, diese damit umschließen und das Meersalz andrücken. Im auf 180 °C vorgeheizten Backofen etwa 25 Minuten garen. Die Gardauer ist abhängig von der Größe der Langusten. Nach der Garzeit aus dem Ofen nehmen, die Salzkruste aufbrechen und die Langusten von oben längs halbieren. Auf vier vorgewärmten Tellern anrichten und dazu Wildreis und Zitronenbutter reichen.

Hummerkrabben in Omajova-Rahm

Zutaten für 4 Portionen:

8 Hummerkrabben
200 g Omajova-Pilze
250 ml Sahne
100 g Butter
1 Schalotte, fein gehackt
50 ml Sekt
1 Knoblauchzehe
1 EL Petersilie, gehackt

Zubereitung:

Die Omajova-Pilze putzen und je nach Größe in Stücke schneiden. Die Hummerkrabben noch roh vom Kopf und Panzer befreien und den Darm entfernen. Mit kaltem Wasser waschen und so aufschneiden (halbieren), dass sie flach aufliegen, ohne dass sich die Hälften voneinander lösen. Mit Pfeffer und Salz würzen. Etwas Butter in einer Pfanne erhitzen und die Schalotte darin anschwitzen. Die Omajova-Pilze hinzu geben, anschwitzen lassen und dann mit etwas Wasser ablöschen. Unter Rühren einkochen lassen und dann die Sahne angießen. Bei schwacher Hitze köcheln lassen, bis die Pilze gar sind. In einer zweiten Pfanne die restliche Butter erhitzen und die Hummerkrabben bei mittlerer Hitze kurz anbraten. Den Omajova-Rahm auf den Tellern verteilen, die Hummerkrabben darauf legen und die Petersilie darüber streuen. Mit Reis servieren.

Leuchtturm in Swakopmund

Miesmuscheln mit Curry

Zutaten für 4 Portionen:

1 kg Miesmuscheln, gereinigt
170 ml Wasser
170 ml Weißwein, trocken
3 Zweige Thymian
1 Knoblauchzehe, zerdrückt
2 EL Butter
3 Schalotten, fein gehackt
1 Stängel Sellerie, gehackt
1 EL Currypulver
1 EL Mehl
30 ml Milch
30 ml Sahne
60 g Mayonnaise
etwas Dill

Zubereitung:

Das Wasser, den Weißwein, den Knoblauch und den Thymian in einen Topf geben, erhitzen und aufkochen lassen. Die Muscheln hinzugeben und bei mittlerer Hitze 6 bis 7 Minuten darin kochen bzw. bis die Schalen sich geöffnet haben. Den Topf während dieser Zeit regelmäßig rütteln. Ungeöffnete Muscheln entfernen. Den Topf vom Herd nehmen und die Muscheln in der Brühe auskühlen lassen. Anschließend die Brühe durch ein Sieb abgießen und aufbewahren. Von jeder Muschel jeweils eine Schalenhälfte abbrechen und die Muscheln auf 4 Tellern anrichten. Die Butter in einer Pfanne erhitzen und die Schalotten und den Sellerie darin 5 Minuten dünsten. Mit Curry und Mehl bestäuben und eine weitere Minute garen. 250 ml der Muschelbrühe zugießen, aufkochen lassen und 10 Minuten unter Rühren köcheln. Danach abkühlen lassen und die Sahne, die Milch und die Mayonnaise mit einem Schneebesen einrühren. Die Sauce löffelweise über die Muscheln geben, mit Dillgrün garnieren und dazu Baguette servieren.

Himba-Frau bei der Zubereitung des traditionellesn Breis.

Saucen & Marinaden

Giraffen in der Etoscha Salz-Pfanne

Colombard Marinade

Eine Weinmarinade mit Colombard Wein für Grillfleisch. Der Colombard stammt von der Kristall Kellerei Winery in Omaruru, dem ersten und einzigen Weinkeller in Namibia.

Zutaten:

150 ml Colombard-Wein
150 ml Olivenöl
1 TL Zitronensaft
1 Knoblauchzehe, gehackt
1 Zwiebel, gehackt
1 TL Oregano
½ TL Thymian, gehackt
1 TL Zucker
Pfeffer aus der Mühle
Salz

Zubereitung:

Die Zutaten in eine Schüssel geben und mischen. Reichlich über das Fleisch verteilen und dieses häufig wenden. Das Fleisch beim Grillen zusätzlich damit bestreichen.

Kolmannskuppe

Braaivleis-Marinade

3 Einsatzbereiche: Marinade und Sauce fürs Grillen oder als Sauce für Hamburger.

Zutaten:

2 Zwiebeln, gehackt
1 TL Öl
60 ml Weinessig (weißer für Lamm, roter für Rindersteak)
1 TL Worcestersauce
½ TL brauner Zucker
1 Gewürznelke
etwas Ingwer, gerieben
1 EL Sherry
Knoblauch gepresst
125 ml Fleischbrühe
125 ml Ketchup
1 ml Tabasco Sauce
1 EL Chutney
60 ml Milch
2 Prs. Salz

Zubereitung:

1. Als Marinade für Lamm und Steaks: Alle Zutaten miteinander vermischen. Das Fleisch über Nacht in die Marinade einlegen. Kurz bevor es gegrillt wird aus der Marinade herausnehmen. Während des Grillens mehrmals mit der Marinade bestreichen.
2. Als Sauce zu Gegrilltem: Die Zwiebel und Knoblauch in Öl dünsten. Alle restlichen Zutaten hineingeben und aufkochen lassen. Heiß servieren.
3. Als Sauce zu Gebratenem: Alle Zutaten miteinander vermischen und eine Lammkeule damit bestreichen. Die Keule in einen Bräter mit der restlichen Marinade legen und darin fertig garen.

Omajova-Pilzsauce

Zutaten:

250 g Omajova-Pilze
1 Zwiebel, gehackt
1 EL Öl
½ Suppenwürfel
40 g Speck
4 EL Sahne
frische Petersilie, gehackt
Pfeffer aus der Mühle
Salz

Zubereitung:

Die in Scheiben geschnittenen Pilze mit der Zwiebel und den Speckstückchen im Öl anbraten. Den halben Brühwürfel mit kochendem Wasser aufgießen und zu den Pilzen, Zwiebeln und dem Speck geben. Unter Rühren köcheln lassen, bis die Pilze weich werden. Die Hitze reduzieren, die Sahne zugeben und mit Pfeffer und Salz abschmecken. Vor dem Servieren die Petersilie darüber streuen. Die Sauce zu Nudeln oder gebratenem Fleisch reichen.

Christuskirche in Windhoek

Scharfe Barbecue-Sauce

Zubereitung:

Die Zwiebel und den Knoblauch schälen und sehr fein hacken. Die Petersilie ebenfalls fein hacken. Die Peperoni halbieren, die Kerne entfernen und grob hacken und im Mörser mit dem Knoblauch und dem Salz zu einer Paste verarbeiten. Anschließend sämtliche Zutaten miteinander verrühren.

Zutaten:

1 Zwiebel
1 kleine Peperoni
3 Knoblauchzehen
1 EL Zitronensaft
4 EL Tomatenketchup
2 EL Olivenöl
etwas Worcestersauce
1 EL Petersilie
Salz

Orangenmarinade

Zubereitung:

Den Ingwer schälen und verreiben. Die Chilischoten sehr fein hacken. Dann alle Zutaten miteinander in einer Schüssel mischen. Die Marinade eignet sich besonders gut zum Marinieren von Wildgeflügel. Das Fleisch mindestens 3 Stunden marinieren.

Zutaten:

100 ml Orangensaft, frisch gepresst
20 g frischer Ingwer
2 Chilischoten
1 Prs. Kardamom, gemahlen
1 TL Sojasauce
100 ml Öl
schwarzer Pfeffer aus der Mühle

Ai-Ais-Grillsauce

Zubereitung:

Alle Zutaten für die Sauce mischen und über Nacht kaltstellen. Vor dem Servieren auf Zimmertemperatur erwärmen lassen. Die Sauce zu Braaivleis reichen.

Zutaten:

1 Dose (450 ml) geschälte Tomaten, abgetropft, grob gehackt
50 ml Olivenöl
50 ml Weißwein, trocken
1 TL Weißweinessig
2 Frühlingszwiebeln, fein gehackt
2 Knoblauchzehen, zerdrückt
1 TL Koriandergrün, fein gehackt
¼ TL Salz

Zitronenbutter

Die geschmolzene Butter, mit Zitrone und Thymian aromatisiert, ist eine vorzügliche Sauce zu Fisch und Meeresfrüchten.

Zutaten:

110 g Butter
1 Zitrone, unbehandelt
1 Zweig Thymian
etwas brauner Zucker

Zubereitung:

Mit einem Zestenreißer die Zitronenschale abschälen. Alternativ nur das Gelbe der Zitronenschale ganz dünn abschneiden und mit dem Messer in Streifen von der Breite eines Streichholzes schneiden. Die Zitrone halbieren und eine Hälfte auspressen. Die Butter in einer kleinen Kasserolle schmelzen lassen, ohne dass sie kocht. Die Zitronenstreifen, einen Esslöffel Zitronensaft und den Thymianzweig in die geschmolzene Butter geben. Bei ganz schwacher Hitze und geschlossenem Deckel 5 Minuten ziehen lassen. Anschließend mit etwas Zucker abschmecken. Die Sauce kann mit den Zitronenzesten serviert werden oder man gießt sie zuvor durch ein feines Sieb.

Currysauce

Für Grillfleisch oder zu gegrilltem Fisch.

Zutaten:

6 Zwiebeln, grob gehackt
300 ml Chutney (Frucht-Chutney oder Mrs. Balls Chutney)
300 ml Tomatensauce
300 ml Öl
4 EL Aprikosenmarmelade
8 TL Currypulver
1 TL Senf
2 TL Speisestärke oder Mehl
220 ml Worcestersauce
3 EL Zucker

Zubereitung:

Die Zwiebeln in einen Topf geben, soviel Essig angießen bis die Zwiebeln bedeckt sind und diese anschließend darin 10 Minuten kochen bis sie weich sind. Dann die restlichen Zutaten hinzugeben und bei schwacher Hitze weitere 10 Minuten köcheln lassen. Die Currysauce abkühlen lassen und dann mehrere Stunden abgedeckt im Kühlschrank ziehen lassen. Die Sauce als Beilage zu gegrilltem Fleisch oder Fisch reichen. Man kann auch Grillfleisch darin vor der Zubereitung 3 Tage marinieren.

Frucht-Chutney

Eine würzige Sauce zu gebratenem Fleisch mit dem klassischen Frucht-Aroma.

Zubereitung:

Die Früchte über Nacht in einen geschlossenen Topf mit Wasser legen. Die restlichen Zutaten mit den leicht ausgepressten Früchten in eine Pfanne geben. Bei kleiner Hitze köcheln lassen und ständig rühren bis sich der Zucker aufgelöst hat. Danach ohne Deckel anderthalb Stunden, oder bis die Masse dick wird, kochen lassen. Dabei öfter umrühren. Die noch heiße Masse in saubere Gläser füllen und luftdicht verschließen. Die Gläser in einen kühlen, trockenen Raum stellen und 6 bis 8 Wochen reifen lassen, bevor man das Chutney serviert. Passt hervorragend zu Gegrilltem und zur indischen und malaiischen Kapküche.

Zutaten:

200 g Pfirsiche, getrocknet, gehackt
200 g Aprikosen, getrocknet, gehackt
200 g Datteln, gehackt
200 g getrocknete Apfelringe, gehackt
200 g Rosinen
1 L Wasser
1 Knoblauchzehe, zerrieben
500 ml Apfelessig
400 g brauner Zucker
2 Msp. Chili Pulver
2 Msp. Kurkuma
2 Msp. Muskatnuss, gerieben
2 Msp. Ingwer, gerieben

Auf Safari

Gemüsegerichte & -beilagen

Fish River Canyon

Black-eyed Peas

Zutaten für 4 Portionen:

1 kg frische China-Bohnen (black-eyed peas)
½ TL Cayennepfeffer
1 TL Salz

Zubereitung:

Die frischen Bohnen fünf Minuten in kaltem Wasser weichen lassen. Wenn keine frischen China-Bohnen verfügbar sind, können auch Bohnen aus der Konserve verwendet werden. Während der Einweichzeit die Bohnen mit den Händen leicht aneinander drücken und druchheben. Dadurch löst sich die Schale, welche im Wasser nach oben schwimmt und so einfach entfernt werden kann. Dann das Wasser abschütten und noch verbliebene Schalen entfernen. In einen Topf mit Wasser geben und mit Cayennepfeffer und Salz würzen. Die Bohnen darin gar kochen.

Afrikanischer Maisbrei mit Sauce

» Mealie pap with Train Smash

Zutaten für 4 Portionen:

Mealie pap:
500 g Maismehl
1 L Wasser
½ TL Salz

Train Smash Sauce:
2 Zwiebeln, gehackt
250 ml Tomaten Sauce
80 ml Worcestersauce
125 ml Wasser
3 Tomaten, gewürfelt
Olivenöl
80 ml Essig
30 ml Zucker
½ TL Senfpulver
etwas Mehl
Pfeffer aus der Mühle
Salz

Zubereitung:

Das Wasser in einen Topf geben und zum Kochen bringen. Das Maismehl langsam hineingeben, so dass sich ein kleiner Kegel in der Mitte des Topfs bildet. Den Deckel auf den Topf geben und zugedeckt solange kochen lassen, bis sich ein „Gesicht“ um das Maismehl gebildet hat. Die Masse mit einer Gabel umrühren, bis die diese fein-krümelig wird. Den Deckel wieder auf den Topf geben und auf kleiner Hitze etwa 30 bis 40 Minuten unter Rühren kochen lassen, bis der Mais gar ist. Für die Train Smash Sauce die Zwiebeln und die Tomaten in eine Kasserolle geben und mit etwas Öl gar dünsten. Nun die restlichen Zutaten, bis auf das Mehl, hineingeben und für 2 Minuten unter Rühren kochen lassen. Die Sauce mit Mehl eindicken und 1 bis 2 Minuten köcheln lassen. Zum Servieren die Sauce über das „Mealie pap“ geben.

Kürbis auf Windhoeker Art

Zubereitung:

Den „Squash" in Salzwasser kochen. Anschließend herausnehmen und etwas abkühlen lassen. Währenddessen den Reis in Wasser kochen. Den Squash halbieren, die Kerne entfernen und das Fruchtfleisch herauslösen. Das Fruchtfleisch fein hacken und mit dem Reis vermischen. Die Zwiebeln und die Tomaten hacken und mit etwas Salz unter den Reis heben. Die Mischung in eine gebutterte Auflaufform geben, die Petersilie und den Parmesan darüber streuen und im vorgeheizten Backofen überbacken.

Zutaten für 4 Portionen:

1 Squash (Kürbis)
Wasser
250 g Reis
3 Zwiebeln
4 Tomaten
2 EL Petersilie
3 EL Parmesan, gerieben
Salz

Omajova-Ravioli

Zubereitung:

Für den Teig das Mehl in eine Schüssel oder auf ein Backbrett häufen. In der Mitte eine Vertiefung eindrücken. Die Eier mit dem Wasser und Salz mischen, in die Vertiefung gießen und mit dem Mehl verrühren. Daraus einen festen Teig kneten. Den Teig dann etwa 20 Minuten ruhen lassen. Den Teig kneten und dünn ausrollen. Mit einem Glas oder Ausstecher Kreise von etwa 5 cm Durchmesser ausstechen. Für die Omajova-Pilzfüllung die Pilze putzen und klein schneiden (möglichst nicht waschen, da die Pilze das Wasser wie ein Schwamm aufsaugen). Zwiebel klein würfeln. Die Pilze und die Zwiebeln in 2 Esslöffeln Butter bei mittlerer Hitze etwa 10 Minuten dünsten, bis die Flüssigkeit verdampft ist. Salzen, pfeffern und abkühlen lassen. Die Eier klein schneiden und untermischen, die Ravioli damit füllen. Mit einem Teelöffel auf jede Kreishälfte kleine Häufchen von der Füllung setzen. Die Ränder mit Eiweiß bestreichen. Die andere Hälfte

Zutaten für 4 Portionen:

150 g Omajova-Pilze
400 g Mehl
150 ml Wasser
2 Eier
½ TL Salz
2 EL Butter
1 Zwiebel
2 Eier, hartgekocht
Petersilie, frisch, gehackt
Pfeffer aus der Mühle
Salz

über die Füllung klappen. Die Ränder mit einer Gabel zusammendrücken. Etwa 3 Liter Wasser mit Salz zum Kochen bringen. Die vorbereiteten Ravioli in das kochende Wasser geben und bei mittlerer Hitze 10 bis 15 Minuten kochen. Anschließend herausnehmen und noch heiß mit zerlassener Butter servieren. Etwas Petersilie darüber streuen.

Gebratene Omajova-Pilze

Zutaten für 4 Portionen:

500 g Omajova-Pilze
125 ml Weißwein, trocken
4 Zwiebeln
50 g Butter
Petersilie, gehackt
Pfeffer aus der Mühle

Omajova-Pilze wachsen in der Regenzeit am Rande von Termitenhügeln.

Zubereitung:

Die Pilze putzen. Die Butter in einer Pfanne erhitzen, die Zwiebeln kurz anbraten. Dann die Pilze sowie den Pfeffer zugeben und ebenfalls mit braten lassen. Mit dem Wein ablöschen, die Petersilie zugeben und einige Minuten bei milder Hitze gar köcheln. Dazu Brot servieren.

Im Safaricamp

Mealie meal

Zubereitung:

Das Mehl, die Milch und das Wasser in einen Topf geben und unter Rühren so lange kochen, bis ein dünner Brei entstanden ist. Vor dem Servieren etwas Butter einrühren. Falls gewünscht, kann der Brei mit etwas Honig gesüßt werden.

Zutaten:

Maismehl
Wasser
Milch oder Sauermilch
Butter

Putu Pap

Zubereitung:

Das Wasser mit etwas Salz in einem Topf zum Kochen bringen. Nun das Maismehl einrühren und 5 Minuten ohne zu rühren sanft köcheln lassen. Dann etwa 20 Minuten weiter köcheln, dabei gelegentlich umrühren, bis der Maisbrei flockig geworden ist. Kleine Mengen Wasser zugeben, wenn er zu fest sein sollte. Mit etwas Pfeffer würzen.

Zutaten für 4 Portionen:

750 g Maismehl
1 ½ L Wasser
Pfeffer aus der Mühle
Salz

Omajova-Quiche

Zubereitung:

Aus dem Mehl, der kalten Butter, dem Salz und dem Eiswasser einen Mürbeteig kneten und zugedeckt eine halbe Stunde im Kühlschrank ruhen lassen. Die Omajova-Pilze in etwas dickere und die Zwiebel in dünne Scheiben schneiden. Etwas Butter in einer Pfanne erhitzen und die Zwiebeln und die Pilze darin dünsten. Den gekochten Schinken in Würfel schneiden und mit dem in Ringe geschnittenen Lauch in die Pfanne geben. Mit Pfeffer und Salz würzen. Aus Sahne, dem Paprikapulver, den Eiern, Pfeffer, Salz, und dem

Zutaten für eine Springform mit 24 cm Ø:

400 g Omajova-Pilze
(alternativ: Champignons)
70 g gekochter Schinken
50 g Lauch
60 g Butter
2 Eier
30 g Edamer Käse, geraspelt
20 g Butter
1 Zwiebel
6 EL Sahne
125 g Mehl

2 EL Eiswasser
2 EL Schnittlauch
etwas Paprikapulver
Pfeffer aus der Mühle
¼ TL Salz

geschnittenen Schnittlauch eine Sauce anrühren. Den Teig aus dem Kühlschrank nehmen, mit etwas Mehl bestäuben und auf Backpapier ausrollen. Den Teig in eine gefettete Springform drücken und einen kleinen Rand formen. Mit einer Gabel mehrmals einstechen, die Gemüsemasse darauf verteilen und mit dem geraspelten Käse bestreuen. Mit der Sauce übergießen und im auf 200 °C vorgeheizten Backofen auf der mittleren Schiene 35 Minuten backen.

Gemüseeintopf

» Groente Pot

Zutaten für 4 Portionen:

800 g frisches Gemüse (Karotten, Lauch, Kartoffeln, Bohnen)
1 L Geflügelbrühe
Muskatnuss
Salz

Zubereitung:

Das Gemüse waschen, putzen und in kleine Würfel schneiden. In einem Topf die Brühe zum Kochen bringen, das Gemüse dazu geben und alles weich kochen lassen. Dabei sollten immer ein paar Kartoffeln dabei sein, damit der Eintopf etwas sämiger wird. Das Gemüse etwas zerdrücken und mit frischem Brot servieren.

Spargel mit Springbockschinken

Zutaten für 4 Portionen:

2 kg Swakop-Spargel
8 Scheiben Springbockschinken (à 50 g), geräuchert
150 g Butter
Zucker
Salz

Zubereitung:

Den Spargel putzen und portionsweise mit Küchenband bündeln. In einem breiten Topf Salzwasser mit einer Prise Zucker und einem Teelöffel Butter zum Kochen bringen. Die Spargelbündel hineinsetzen und bei milder Hitze 15 bis 20 Minuten kochen. Die Butter in einem Topf erhitzen. Den Spargel mit einer Schaumkelle herausheben, abtropfen lassen und auf vorgewärmten Tellern anrichten. Den Springbockschinken daneben anrichten. Die zerlassene Butter im Schälchen dazu reichen. Mit Petersilienkartoffeln und einen gut gekühlten, trockenen südafrikanischen Weißwein servieren.

Swakop-Spargel mit Buttersauce

Zubereitung:

Den Spargel waschen und ein Stück vom unteren Ende abschneiden. Das Wasser, das Salz, den Zucker und die Butter in einen Topf geben und zum Kochen bringen. Den Spargel und das halbe Brötchen in das kochende Wasser geben (das Brötchen nimmt die Bitterstoffe auf). Den Spargel 15 bis 20 Minuten kochen. Das halbe Brötchen anschließend entfernen. Den fertigen Spargel vorsichtig mit einem Schaumlöffel aus dem Wasser heben und auf einer vorgeheizten Servierplatte anrichten. Für die helle Buttersauce die Butter in einem Topf erhitzen. Das Mehl wird unter Rühren so lange darin erhitzt, bis es hellgelb ist. Dann wird die Sauce mit der heißen Brühe abgelöscht. Etwas Salz hinzugeben und 10 Minuten kochen lassen. Zum Schluss mit Salz, Zitronensaft und Muskatnuss abschmecken.

Zutaten für 4 Portionen:

2 kg grüner Spargel (aus Swakopmund)
3 L Wasser
1 TL Salz
1 Prs. Zucker
1 TL Butter
½ Brötchen

Helle Buttersoße:
40 g Butter
40 g Mehl
½ L Geflügelbrühe, heiß
1 Prs. Muskatnuss
1 TL Zitronensaft
Salz

Vegetarischer Potjiekos

Ein Eintopf, der über offenem Feuer in einem dreibeinigen, eisernen Topf gegart wird.

Zubereitung:

In einen Potjie oder einen großen Kochtopf, Kartoffeln, Karotten, grüne Bohnen, Sellerie, Rüben, Zwiebeln, Lauch und Kohl schichten. Dabei die vorgegebene Reihenfolge beachten. Die Tomaten und das Wasser hinzufügen. Mit Salz, Pfeffer und Petersilie würzen. Zugedeckt für 60 Minuten köcheln lassen. Während des Kochens nicht umrühren. Mit Reis oder Nudeln servieren.

Zutaten für 4 Portionen:

2 Zwiebeln, geviertelt
1 Dose Tomaten, gewürfelt
6 Kartoffeln, gehackt
3 Selleriestangen, gehackt
1 Lauch, in Scheiben geschnitten
200 g Kohl, geraspelt
1 Knoblauchzehe, gepresst
100 ml Wasser
4 Karotten, gehackt
2 Kohlrüben, gehackt
200 g grüne Bohnen, gehackt
Petersilie, gehackt
Pfeffer aus der Mühle

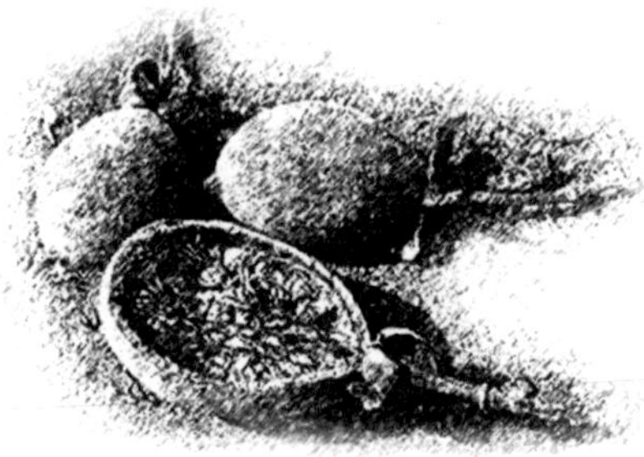

Baobab-Früchte

Krautsalat

» Koolslaai

Schmeckt gut zu Meerestieren oder zum Braaivleis.

Zutaten für 4 Portionen:

1 Kopf Weißkraut
1 Zwiebel
2 Stangen Sellerie
250 ml Mayonnaise
2 EL Apfelessig
2 TL Zucker
1 TL Senfpulver
Pfeffer aus der Mühle
Salz

Zubereitung:

Das Weißkraut raspeln oder dünn schneiden. Mit der Zwiebel und dem Sellerie ebenso verfahren. Die restlichen Zutaten zugeben und untermischen. Vor dem Servieren einige Stunden an einem kühlen Ort ruhen lassen.

Kartoffeln mit Trüffeln

Zutaten für 4 Portionen:

1 kg Kartoffeln, festkochend
25 g Kalahari-Trüffel
2 EL Butter
weißer Pfeffer aus der Mühle
½ TL Salz

Zubereitung:

Die Kartoffeln schälen, abwaschen und in dünne Scheiben schneiden. Den Kalaharitrüffel mit einem Trüffelhobel in dünne Scheiben hobeln. Eine Auflaufform einbuttern und die Kartoffeln und die Trüffel hinein schichten. Die Butter, den Pfeffer und das Salz zugeben. Mit Aluminiumfolie verschließen und im auf 150 °C vorgeheizten Backofen braten lassen. Wenn die Unterseite der Kartoffeln braun zu werden beginnt, die Kartoffeln vorsichtig umdrehen und nun ohne Abdeckung fertig braten lassen. Heiß zu Wildgerichten servieren.

Hirsekugeln

Zutaten für 4 Portionen:

250 ml Hirse
500 ml Wasser
1 TL Gemüsebrühe-Pulver
4-6 Scheiben Edamer Käse

Zubereitung:

Die Zutaten in einen Topf geben und bei geschlossenem Deckel aufkochen lassen. Anschließend vom Herd nehmen und die Hirse ausquellen lassen, bis kein Wasser mehr im Topf ist. Den Deckel dabei nicht abnehmen. Dann aus der Hirse mehrere Halbkugeln formen und auf ein Backblech setzen. Mit den Käsescheiben belegen und im auf 200 °C vorgeheizten Backofen gratinieren. Zu frischem Salat servieren.

Pilzragout im Hirsesavarin

Zutaten für 4 Portionen:

1 kg Omajova-Pilze
150 g Hirse, geschält
500 ml Gemüsebrühe
200 g Crème fraîche
3 Eier
100 g Cashewnüsse
2 Bund Frühlingszwiebeln
2 Bund Petersilie
1 EL Grieß
3 EL Öl
1 EL Weizenmehl
Butter, für die Form
etwas Muskatnuss
Pfeffer aus der Mühle
Salz

Zubereitung:

Die Hirse in 200 ml Brühe aufkochen lassen und bei milder Hitze in 20 Minuten ausquellen lassen. Die Frühlingszwiebeln putzen und in Ringe schneiden. Die Petersilie waschen, trocken schütteln und hacken. Die Omajova-Pilze putzen und in Stücke schneiden. Die gut abgekühlte Hirse mit Eiern und Gewürzen verrühren und abschmecken. Die Petersilie unterheben. Eine Ringform (Savarin) mit Butter ausfetten und mit Grieß ausstreuen. Die Hirsemasse hineinfüllen und im Backofen bei 200 °C auf der mittleren Schiene 25 Minuten backen. Ein Drittel des Öls in einer Pfanne erhitzen und die Cashewnüsse darin goldbraun rösten. Dann zur Seite stellen. Die Omajova-Pilze in dem restlichen Öl anbraten, das Mehl darüber streuen und kurz andünsten. Die restliche Brühe, die Crème fraîche und die Frühlingszwiebeln dazugeben. Alles 5 Minuten bei schwacher Hitze köcheln lassen. Das Pilzragout mit Salz, Pfeffer und Muskatnuss abschmecken. Den Hirsesavarin aus dem Backofen nehmen, stürzen und das Ragout hineinfüllen, mit den Cashewnüssen bestreuen.

Original Maisbrei

Der Mais wird bei fast allen Afrikanern auf einer Feuerstelle im Freien gekocht.

Zutaten:

3 größere Steine
1 alter Topf
Feuerholz
2 Schöpfkellen Maismehl
Milch
Wasser
1 Brühwürfel
Salz

Zubereitung:

Den Topf auf die drei Steine stellen. Etwas Holz unter dem Topf entzünden und während des Kochens immer wieder nachlegen. Das Wasser in den Topf geben, mit Maismehl vermengen und etwas Milch dazugießen. Es soll ein dicker Brei entstehen. Unter ständigem Rühren garen und zum Schluss etwas Fleischbrühe unterziehen. Alternativ zur Feuerstelle kann der Brei auch auf dem Herd gekocht werden.

Gebackener Maisbrei in Salbeibutter

Als Beilage zu Geflügel, Fisch oder Lammfleisch. Mit einer modernen Art der Brei-Bereitung.

Zutaten für 4 Portionen:

125 g Maisgrieß
1 Liter Wasser
20 g Butter
12 Blätter Salbei
1 TL Salz

Zubereitung:

Möglichst frische Salbeiblätter verwenden. Zunächst den Maisgrieß langsam in kochendes Salzwasser unter ständigem Rühren mit einem Kochlöffel einrieseln lassen. Nicht zu große Mengen auf einmal in das Wasser geben, sonst klumpt es. Wenn die gesamte Menge Maisgrieß eingerührt ist, die Hitze auf niedrigste Stufe schalten und etwa 10 Minuten unter Rühren kochen, bis sich der dicke Brei vom Topfrand löst. Den Herd ausschalten und den Maisbrei noch 10 Minuten quellen lassen. Ein Brett leicht einfetten und den Maisbrei 2 Zentimeter dick aufstreichen. Abkühlen lassen und in Vierecke oder Taler schneiden. In einer beschichteten Pfanne die Butter erhitzen und die Maisbreistücke auf mittlerer Temperatur in etwa 5 Minuten goldgelb braten. Die Salbeiblätter zufügen, den gebratenen Brei vorsichtig mit einem Pfannenwender umdrehen. Weitere 3 bis 5 Minuten braten. Den Maisbrei auf Tellern anrichten und mit Salbeibutter begießen. Dazu einen Salat reichen.

Maisbrei-Taler mit Parmesan

Zu gebratenem Fleisch.

Zubereitung:

Die Milch zum Kochen bringen, dann die Butter und das Salz zugeben. Dann den Parmesan, eine Prise Muskat und den Maisgrieß unterrühren und mit dem Rühren so lange fortfahren, bis der Grieß glatt geworden ist. Zu dem Maisgrieß die Eigelb geben und kräftig verrühren. Anschließend den Teig etwas abkühlen lassen und auf ein mit Klarsichtfolie ausgelegtes Backblech verteilen. Eine weitere Folie darauf legen und mit dem Nudelholz einen Zentimeter dick ausrollen. Dann die Folie entfernen und den Teig auskühlen lassen. Mit einem Glas Scheiben/Taler ausstechen. Die Maisbreitaler in eine gebutterte Auflaufform legen, mit Parmesan bestreuen, mit zerlassener Butter beträufeln und im auf 175 °C vorgeheizten Backofen 15 Minuten backen.

Zutaten für 4 Portionen:

500 ml Milch
125 g Maisgrieß
30 g Butter
30 g Parmesankäse, gerieben
Muskatnuss, gemahlen
2 Eigelb
30 g Butter, für die Form
40 g Parmesan, gerieben, zum Überbacken
Salz

Airtaxi

Kartoffelsalat

Zutaten für 4 Portionen:

1 kg Kartoffeln
1 kleine Salatgurke
1 Zwiebel
1 Bund Schnittlauch
125 ml Gemüsebrühe
3 EL Öl
3 EL Weißweinessig
1 TL Senf
1 TL Zucker
schwarzer Pfeffer aus der Mühle
Salz

Zubereitung:

Die Kartoffeln mit Schale gar kochen. Die Kartoffeln mit kaltem Wasser abschrecken, etwas abkühlen lassen, noch warm schälen und in nicht zu dünne Scheiben schneiden. Die Gemüsebrühe aufkochen und über die Kartoffeln gießen. Die Zwiebel schälen und fein würfeln. Die Gurke waschen und grob raspeln. Den Schnittlauch waschen und klein schneiden. Den Essig, das Öl, den Senf, den Zucker, den Pfeffer und das Salz in eine Schüssel geben und verrühren. Die Gurkenraspel, die Zwiebelstücke, den Schnittlauch und die Marinade unter den Kartoffelsalat mischen. Den Kartoffelsalat an einem kühlen Ort zugedeckt ziehen lassen, bis ein Großteil der Flüssigkeit aufgesogen ist.

Oryx-Antilope

Spargel-Quiche

Zubereitung:

Den Spargel waschen und das untere Ende abschneiden. Das Wasser zum Kochen bringen und 10 Gramm Butter, einen Teelöffel Zucker sowie einen Teelöffel Salz hinzugeben. Den Spargel darin 15 Minuten kochen. Anschließend herausnehmen und abtropfen lassen. Das Mehl in eine Schüssel geben, mit 125 Gramm kalter Butter, einem Ei und einem halben Teelöffel Salz einen Mürbeteig kneten. Den Teig eine halbe Stunde im Kühlschrank ruhen lassen und anschließend in eine gebutterte Springform drücken. Dabei auch einen Rand formen. Den Springbockschinken (alternativ kann auch Biltong verwendet werden) in kleine Würfel schneiden und den Teigboden damit bestreuen. Den Spargel darauf verteilen. Zwei Eier mit der Crème fraîche und etwas Salz in einer Schüssel verquirlen und anschließend über den Spargel gießen. Die Spargel-Quiche im auf 200 °C vorgeheizten Backofen auf der mittleren Schiene 30 Minuten backen. Heiß oder kalt servieren.

Zutaten für eine Springform mit 24 cm Ø:

800 g grüner Spargel
200 g Springbockschinken
250 g Mehl
3 Eier
135 g Butter
150 g Crème fraîche
500 ml Wasser
1 TL Zucker
Salz

Swakopmunder Spargelsalat

Zubereitung:

Den grünen Spargel waschen, das untere Drittel schälen (nicht in Stücke schneiden) und in kochendem Salzwasser mit etwas Butter 10 bis 15 Minuten gar kochen. Dann den Spargel abtropfen lassen und auf einer vorgeheizten Servierplatte anrichten. Für die Kräutersauce die Zwiebeln schälen und fein hacken. Mit Essig, Öl, gehackten Kräutern, Salz, Pfeffer und Zucker verrühren. Anschließend über den noch warmen Spargel geben. Die hartgekochten Eigelbe mit einer Gabel zerdrücken und auf dem Salat anrichten. Abschließend einige Minuten ziehen lassen.

Zutaten für 4 Portionen:

750 g grüner Spargel aus Swakopmund
3 Zwiebeln
2 hartgekochte Eigelbe
7 EL mildes Öl
4 EL Essig
4 EL frische Kräuter (Petersilie, Dill, Schnittlauch), gehackt
2 TL Butter
Zucker
Pfeffer aus der Mühle
Salz

Steifer Maisbrei

» Oshifima

In Namibia wird diese kalte Gericht auch mit Cassava (Tapioka) zubereitet.

Zutaten für 4 Portionen:

300 g Maismehl
250 ml Milch
250 ml Wasser

Zubereitung:

Das Wasser in einem Topf zum Kochen bringen. In einer Schüssel 200 Gramm Maismehl mit der Milch kräftig rühren, bis die Masse eine glatte Konsistenz hat. Diese Masse in das kochende Wasser geben und unter Rühren etwa 5 Minuten kochen lassen, während das restliche Maismehl zugegeben wird. Wenn die Masse sich vom Rand löst und am Löffel zu hängen beginnt, den Brei vom Herd nehmen und sofort servieren.

Oryx-Antilopen

Gelber Reis mit Rosinen

» Geelrys met Rosyn

Als Beilage zu verschiedenen namibischen Gerichten.

Zutaten für 4 Portionen:

300 g Reis
1 EL Kurkuma
4 cm Zimtstange
1 EL brauner Zucker
100 g Rosinen
2 EL Butter
1 TL Salz

Zubereitung:

Den Reis mit den Gewürzen, dem Salz und dem Zucker und der doppelten Menge Wasser aufkochen und ungefähr 12 Minuten kochen lassen. Die Rosinen hinzugeben und einige Minuten mit geschlossenem Deckel bei mittlerer Hitze stehen lassen. Anschließend die Zimtstange herausgeben und die Butter unterrühren.

Reissalat

Zubereitung:

Die Rosinen in lauwarmen Wasser einweichen. Alle Zutaten, außer dem Joghurt und der Mayonnaise, in einer Schüssel gut vermengen. Den Joghurt und die Mayonnaise in einer separaten Schüssel miteinander vermischen, über den Salat geben und unterrühren. Die Afrikaner essen diesen Salat mit den Fingern.

Zutaten für 4 Portionen:

250 g Reis, gekocht
1 rote Paprikaschote, fein gehackt
1 grüne Paprikaschote, fein gehackt
1 Zwiebel, fein gehackt
50 g Rosinen
125 ml Joghurt
125 ml Mayonnaise
Pfeffer aus der Mühle
Salz

Trüffel in Paarl Riesling

Der „Terfezia Pfeilii Hennings" - wie ein deutscher Botaniker diesen Trüffel 1906 taufte, wächst in der größten Trüffelmine der Welt, der Kalahari-Wüste.

Zubereitung:

Für die Demi-Glace die Kalbsknochen und Kalbsfüße in kleine Stücke sägen oder hacken. Aus der Bratbutter und dem Mehl eine Roux herstellen und auskühlen lassen. Öl in der Kasserolle erhitzen und Knochen rundum anrösten. Überflüssiges Öl abgießen, die Mirepoix beigeben und kurz mitrösten. Das Tomatenpüree beigeben und leicht mitrösten. Mit Weißwein ablöschen und zu Glace einkochen (sirupartige Konsistenz). Mit einem Zehntel vom braunem Kalbsfond auffüllen und ebenfalls einkochen lassen. Alles in einen Topf gießen, mit restlichem Kalbsfond auffüllen, aufkochen lassen und abschäumen. 3 Stunden sanft köcheln lassen. Das Gewürzsäckchen hinzufügen und für eine halbe Stunde mitkochen lassen. Dann durch ein Tuch passieren, die Roux unter die Sauce rühren und einkochen lassen. Durch ein feines Sieb passieren. Die Mirepoix besteht aus in Würfel geschnittenes Gemüse (Zwiebel,

Zutaten für 4 Portionen:

6-8 Kalahari-Trüffel
250 ml Paarl Riesling aus Südafrika
250 ml Geflügelbrühe
Butter

Demi-Glace:
900 g Kalbsknochen
100 g Kalbsfüße
10 ml Erdnussöl
90 g Mirepoix
20 g Tomatenpüree
100 ml Weißwein
240 ml brauner Kalbsfond
1 Gewürzsäckchen (Thymian, Lorbeer, Pfefferkörner)

Für die Roux:
30 g Bratbutter
35 g Weißmehl

Sellerie, Karotte) und Gewürzzutaten. Für die Roux (Mehlschwitze) das Mehl im Fett anschwitzen, jedoch nicht braun rösten. Die Trüffel bürsten und waschen. Anschließend dünn schälen und unzerschnitten im Wein und der Geflügelbrühe zugedeckt weich dünsten. Sie sind gar, wenn man sie mit einer Gabel leicht anstechen kann. Mit dem Schaumlöffel herausnehmen und auf einem Teller anrichten. Den Sud einkochen, mit Demi-Glace dicken, frische Butter unterschlagen und als Sauce reichen.

Giants Playground

Südwester Bananenpasteten

Als Beilage zu Wild-, Schweine- oder Rindfleisch reichen.

Zubereitung:

Die Bananen auf den Grillrost des Backofens geben und im auf 220 °C vorgeheizten Backofen etwa 30 Minuten backen. Wenn die Schale vorher aufreißt, können die Bananen früher aus dem Ofen genommen werden. Die Bananen abkühlen lassen und durch ein Sieb in eine Schüssel streichen. Das Mehr darüber streuen, etwas Salz hinzugeben und gut verrühren. 8 runde Kuchen formen und im Paniermehl wenden. Die Butter in einer Pfanne erhitzen und die Bananenpasteten von beiden Seiten braun braten.

Zutaten für 4 Portionen:

8 Bananen
1 EL Mehl, gestrichen
Paniermehl
Butter
Salz

Würzige Maiskolben

Zubereitung:

Den Frischkäse in eine Schüssel geben und mit Salz, Pfeffer, Knoblauch-Salz und dem Paprikapulver pikant würzen. Die Maiskolben mit der Käsecrème rundherum dick bestreichen und in eine Auflaufform setzen. Im auf 200 °C vorgeheizten Backofen 15 bis 20 Minuten garen.

Zutaten für 4 Portionen:

4 Maiskolben
1 Pkg. Frischkäse
1 TL Paprikapulver, scharf
1 TL Knoblauch-Salz
1 TL Pfeffer
1 TL Salz

Desserts & Süßspeisen

Alte Feste in Windhoek

Kaktusfeigengelee

Eine Spezialität aus Namibia. Die Früchte werden von Hand geerntet, was durch die großen Stacheln an der Pflanze und die winzigen Stacheln an den Früchten nicht immer ganz schmerzfrei ausgeht.

Zutaten für 2-3 Gläser:

7-8 Kaktusfeigen
½ Zitrone, Saft davon
350 g Gelierzucker
1 EL Geliermittel (Pektin)
1 TL Rum

Zubereitung:

Die Kaktusfeigen schälen, indem man die Schale mit dem Messer vom Fruchtfleisch abzieht. Dabei sollte man Handschuhe tragen. Das Fruchtfleisch in dünne Scheiben schneiden und in einen Topf geben. Bei kleiner Hitze langsam 5 Minuten köcheln lassen. Dann das weiche Fruchtfleisch durch ein feines Sieb passieren. Es sollte einen halben Liter Flüssigkeit ergeben. Diese mit dem Zitronensaft, dem Gelierzucker und dem Geliermittel in einen Topf geben. Erneut aufkochen lassen, den Schaum abschöpfen und eine Gelierprobe machen. Falls notwendig noch etwas Geliermittel zugeben. Zum Schluss den Rum hinzugießen, unterrühren und den Gelee in zuvor sterilisierte Gläser abfüllen.

Sahne-Karamellen

Zutaten:

4 EL Sahne
2 EL Zucker
2 TL Vanillezucker
2 EL Honig

Zubereitung:

Den Zucker, den Vanillezucker, die Sahne und den Honig in eine Pfanne geben und unter Rühren erhitzen. Aufkochen lassen und anschließend weiterrühren, bis sich der Zucker aufgelöst hat und die Masse zu karamellisieren beginnt. Dann die Temperatur reduzieren und weiter rühren, bis die Konsistenz von krümelig in flüssig wechselt. Mit dem Rühren so lange fortfahren, bis die Masse anfängt, hellbraun zu werden. Dann auf ein Backblech oder in eine Form gießen. Etwas abkühlen lassen, aber noch warm in kleine Sahne-Karamell-Bonbons schneiden. Vor dem Verzehr gänzlich abkühlen lassen oder in aus Aluminiumfolie geschnittene Quadrate einwickeln und kühl und luftdicht lagern.

Pumpkin Fritters

Kleine frittierte Kürbis-Kügelchen.

Zubereitung:

Den Kürbis kochen und zu Püree verarbeiten. Ingwer, Zimt, Mehl, Backpulver, Zucker und Salz hinzugeben. Das Ei verquirlen und unter die Masse rühren. Nun die Masse für eine halbe Stunde ruhen lassen. Mit einem Teelöffel Nocken formen und in heißem Öl goldbraun backen. Für den Zimtzucker den Zucker mit Zimt vermischen. Anschließend großzügig über die Nocken streuen.

Zutaten für 4 Portionen:

350 g Kürbisfleisch
100 g Weizenmehl
etwas Backpulver
1 EL Zucker
1 Ei
1 TL Ingwer
½ TL Zimt, gemahlen
etwas Öl
Zimtzucker zum Bestreuen
1 Prs. Salz

Bushmannkerze

Süßer Hirsebrei

Ursprünglich wurde Hirsebrei von den Sanfrauen bereitet. Dieses Rezept ist eine süße Abwandlung der deutschen Einwanderer.

Zubereitung:

Die Hirse heiß waschen, in einem halben Liter kaltem Wasser aufsetzen und zum Kochen bringen. Nach 15 Minuten den Topf vom Herd nehmen. Die Vanillestange auskratzen und mit der Sahne und dem Zucker mischen. Unter die Hirse rühren und den Topf mit einem Deckel verschließen, damit die Hirse nachquellen kann. Wenn der Brei kalt ist, zusammen mit Beeren auf Tellern anrichten und servieren.

Zutaten für 4 Portionen:

250 g Hirse
500 ml Wasser
250 ml Sahne
2-3 EL Zucker
1 Vanilleschote
Beeren zum Garnieren

Mango-Parfait

Zutaten für 4 Portionen:

300 g Mangofleisch
3 Eier
100 g Zucker
125 ml Sahne
½ Zitrone

Zubereitung:

Die Eier trennen, die Eigelbe in eine Schüssel geben und mit dem Mixer aufschlagen. Dabei die Hälfte des Zuckers zugeben. So lange fortfahren, bis die Masse dick und hell ist. Das Mangofleisch mit dem restlichen Zucker, der abgeriebenen Zitronenschale und dem Saft der halben Zitrone pürieren und unter die Ei-Creme mischen. Die Sahne steif schlagen, unter diese Masse heben und dabei gleichmäßig verteilen. Die Masse in eine Form geben und im Gefrierfach mehrere Stunden fest werden lassen. Die Gefrierzeit sollte mindestens 4 Stunden betragen. Nach Geschmack kann über das Parfait auch Himbeersauce gegeben werden.

Vetkoek

Ein traditionelles Gericht. Besonders gut mit Honig.

Zutaten für 4 Portionen:

380 ml Zucker
280 g Mehl
125 ml Milch
1 TL Backpulver
1 Ei
Öl zum Frittieren
½ TL Salz

Zubereitung:

Das Mehl sieben und mit dem Backpulver in einer großen Schüssel verrühren. Das Ei in einer Tasse leicht verrühren und in die Schüssel geben. Die Milch hinzugießen und die Masse zu einem glatten Teig verrühren. In einer Pfanne Öl erhitzen und mit einem Löffel den Teig in das heiße Fett geben. Auf beiden Seiten für einige Minuten goldbraun backen. Auf einem Küchenpapier abtropfen lassen. Die Vetkoeks in der Mitte aufschneiden, mit Butter und Honig oder Sirup bestreichen. Als herzhafte Variante kann man sie auch mit Butter bestreichen und mit Hackfleisch füllen. Die Vetkoeks heiß servieren. Auf jeden Fall noch am gleichen Tag verzehren.

Bayrische Crème mit Kapstachelbeeren

Zutaten für 4 Portionen:

200 g Sahne
250 ml Milch
200 g Kapstachelbeeren
4 Eigelb
75 g Zucker
6 Blatt Gelatine
1 Vanilleschote
1 TL Kakaopulver

Zubereitung:

Die Vanilleschote der Länge nach aufschneiden und das Mark mit einen Kaffeelöffel herauskratzen. Die Milch, die Vanilleschote und das Vanillemark in einem Topf aufkochen lassen. Den Topf von Herd nehmen und bei geschlossenem Deckel 30 Minuten ziehen lassen. Die Gelatine in kaltem Wasser einweichen (siehe Angaben auf der Verpackung). Die Eigelbe mit dem Zucker in einem Schlagkessel über einem kochendem Wasserbad verquirlen und so lange schlagen, bis die Ei-Masse hell und schaumig wird. Nun die Vanilleschote aus der Milch nehmen. Dann die Milch unter kräftigem Schlagen mit dem Schneebesen in die Ei-Masse gießen. Es soll eine dicke Crème entstehen. Die Schüssel vom Wasserbad nehmen. Die Gelatine leicht ausdrücken und die Blätter nach und nach in die heiße Crème einrühren bis die Gelatineblätter sich aufgelöst haben. Nun die Crème kalt stellen, bis sie zu gelieren beginnt. In dieser Zeit mehrmals umrühren. Wenn die Crème fest wird (geliert), die Sahne in eine Schüssel geben und mit dem Mixer steif schlagen und unter die gelierende Ei-Masse heben. Die Crème in eine Schüssel umfüllen und abgedeckt 3 Stunden im Kühlschrank ruhen lassen. Zum Servieren die Masse auf die Teller verteilen und die Kapstachelbeeren dazu anrichten. Mit etwas Kakaopulver bestäuben.

Buttermilch-Pudding

Zutaten für 4 Portionen:

250 ml Buttermilch
250 ml Milch
160 g Zucker
30 g Butter
2 Eier

Zubereitung:

Die Eier trennen. Die Butter und den Zucker in eine Schüssel geben und mit dem Mixer zu einer cremigen Masse aufschlagen. Die Eigelb einzeln unter die Buttermasse schlagen. Unter weiterem Rühren das Mehl,

Himba-Frau mit traditionellem Kopfschmuck

das Salz, die Milch und die Buttermilch zugeben. Zuletzt die Vanille- Essenz unterrühren. Das Eiweiß ein einer separaten Schüssel mit dem Mixer aufschlagen und die Buttermilchmasse unterheben. In eine Backform geben und im auf 180 °C vorgeheizten Ofen eine Stunde backen. Dazu Erdbeer- oder Himbeersauce servieren.

1 EL Mehl
1 Spritzer Vanille-Essenz
1 Prs. Salz

Gebackene Buttermilch

Zubereitung:

Die Buttermilch mit den Zimtstangen und der Zitronenschale in einen Topf geben und aufkochen lassen. Anschließend den Topf vom Herd nehmen, 20 Minuten ziehen lassen und danach durch ein Sieb in eine Schüssel gießen. Die Butter im Topf erhitzen und den Grieß hineinrühren. Den Zucker hinzufügen und die Buttermilch hinein gießen. Die Eier trennen und das Eigelb mit einem Schneebesen unterrühren. In eine ausgebutterte Auflaufform gießen und im auf 200 °C vorgeheizten Backofen etwa 15 Minuten backen. Abkühlen lassen und aus der Form auf eine Platte stürzen. Mit dem Zimt-Zucker-Gemisch bestäuben und zum Servieren in Tortenstücke schneiden.

Zutaten für 4 Portionen:

1 L Buttermilch
1 unbehandelte Zitrone, Schale abgerieben
500 g Grieß
300 g Butter
8 Eier
2 Zimtstangen
250 g Zucker
4 EL Zimt-Zucker

Zitronenpudding

Zubereitung:

Das Puddingpulver in einer Tasse mit etwas Milch anrühren. Die verbliebene Milch mit dem Zucker in einen Topf geben und unter Rühren aufkochen. Das angerührte Puddingpulver und das Salz unter Rühren mit dem Schneebesen hinein gießen und aufkochen lassen. Vom Herd nehmen und den Zitronensaft und die Zitronenschale unterrühren. Den Pudding in Schälchen füllen und im Kühlschrank mehrere Stunden abkühlen lassen.

Zutaten für 4 Portionen:

1 Pkg. Vanillepuddingpulver
1 L Milch
1 EL abgeriebene Zitronenschale
80 g Zucker
1 Prs. Salz

Backwaren

Löwe

Namibisches Maisbrot

Zutaten für 4 Portionen:

600 g Weizenmehl
200 g Maismehl
50 g Butter
1 Ei
200 ml Milch
1 Pkg. Trockenhefe
1 Prs. Zucker
Salz

Zubereitung:

Das Weizenmehl und das Maismehl in eine Schüssel geben und mit der Trockenhefe, dem Salz und dem Zucker gut vermischen. Dann die Butter zugeben und mit den Händen einarbeiten. In einer kleinen Schüssel die Milch mit dem Ei verrühren und anschließend unter den Teig kneten. Den Teig gut durchkneten und bei Bedarf noch etwas Milch hinzugeben, bis ein fester Teig entsteht. An einem warmen Ort abgedeckt 2 Stunden gehen lassen und dann im auf 150 °C vorgeheizten Backofen etwa 45 Minuten backen.

Koeksisters

Zutaten für 4 Portionen:

Teig:
450 g Weizenmehl
60 g Butter
1 Ei
250 ml Milch oder Buttermilch
1 TL Backpulver
Öl zum Backen
1 Prs. Salz

Sirup:
1,25 kg Zucker
Zitronensaft
1 L Wasser
Zitronenspalten

Zubereitung:

Für den Sirup den Zucker in Wasser auflösen und 30 bis 40 Minuten kochen lassen, bis ein dickflüssiger Sirup entsteht. Zitronensaft und Zitronenspalten hinzugeben und über Nacht im Kühlschrank aufbewahren. Für den Teig das Weizenmehl, das Backpulver, das Salz, die Butter und das Ei zu einem Teig verkneten. Die Milch einkneten, bis ein weicher Teig entsteht. Das Ganze 2 Stunden abgedeckt im Kühlschrank ruhen lassen. Den Teig 6 bis 7 mm dick ausrollen und in etwa 4 cm breite, 8 cm lange Streifen schneiden. Die entstandenen Rechtecke der Länge nach mit zwei Schnitten versehen, auf einer Seite jedoch nicht ganz durchschneiden, damit die 3 entstandenen Streifen noch miteinander verbunden sind. Die 3 Stränge miteinander verflechten und an den Enden fest zusammendrücken. Die Zöpfe in Öl ausbacken, bis sie eine goldgelbe Farbe angenommen haben. Auf Küchenpapier abtropfen lassen. Die warmen Zöpfe für eine Minute in den kalten Sirup tauchen und kurz abtropfen lassen. Vorzugsweise warm servieren.

Melktert

Zubereitung:

Die Butter und den Zucker mit einem Handmixer verrühren. Dann das Ei unterrühren. Das Mehl mit dem Backpulver und dem Salz gut vermischen und anschließend in die Buttermasse einrühren. Die Mischung sollte etwas bröselig sein. Den Teig auf einer Tortenform ausbreiten und 20 Minuten im vorgeheizten Ofen bei 140 °C backen. Für den Belag die Milch kochen. In einer Schüssel das Ei mit dem Zucker schlagen. Dann das Mehl und das Maismehl in die Ei-Zuckermischung unterschlagen. Die Milch hinzufügen und unter Rühren kochen, bis die Masse eindickt. Vom Herd nehmen und das Vanillearoma sowie die Butter unterschlagen. Die Masse auf den Tortenboden geben, Zimt oder Muskatnuss darüber streuen. Im Kühlschrank abkühlen und gut gekühlt servieren.

Zutaten für 4 Portionen:

250 ml Mehl
1 TL Backpulver
½ Ei (1 Ei schlagen, davon die Hälfte verwenden)
60 ml Butter
60 g Zucker
Salz

Belag:
500 ml Milch
1 ½ Eier, geschlagen
1 ½ EL Mehl
1 EL Maismehl
1 TL Vanillearoma
1 TL Butter

Buschbrot

Zubereitung:

Die Hefe und den Zucker in eine Schüssel geben und mit dem lauwarmen Wasser glatt rühren. An einem warmen Ort 10 Minuten zugedeckt gehen lassen. Das Mehl mit dem Salz in einer Schüssel verrühren und die Hefemischung hineingeben. Den Teig gut durchkneten und übereinander schlagen. Einen gusseisernen Topf einfetten und den Teigkloß hineingeben. Erneut an einem warmen Ort 30 Minuten zugedeckt gehen lassen. In dieser Zeit ein Feuer bereiten und herunterbrennen lassen. Den Topf auf die Glut setzen (sie sollte nicht mehr rot glühen, da sonst das Brot unten verbrennt) und um den Topf herum und auch auf den Deckel Glut geben. Die Glut auf dem Deckel nach 20 Minuten erneuern und weitere 25 Minuten garen lassen.

Zutaten für 1 Brot:

750 g Mehl
250 ml Wasser, lauwarm
1 EL Trockenhefe
1 EL Zucker
Salz

Muuzen

Zutaten für 4 Portionen:

250 ml Milch
50 g Butter
125 g Mehl
3 Eier
1 EL Zucker
½ TL Backpulver
1 EL Mehl
1 Prs. Salz
Öl oder Frittierfett

Zubereitung:

Für den Brandteig die Milch, das Salz und die Butter in einem großen Topf zum Kochen bringen. Nach kurzem Aufkochen das Mehl unterrühren und so lange weiter rühren, bis sich der Teig von der Topfwand löst. Dann vom Herd nehmen. Die Eier aufschlagen, mit dem Zucker, dem Backpulver und dem Mehl in einer Schüssel verrühren. Zum Brandteig geben und gut vermischen. Mit einem Teelöffel kleine Plätzchen formen und auf einem Rost trocknen lassen. Dann in der Bratpfanne im heißen Fett schwimmend goldgelb backen. Dazu trinkt man Tee oder Kaffee.

Giftbom

Brötchen

Zum Frühstück gibt es in Namibia Brötchen, belegt mit Käse, Eiern, Fleisch, Salami und anderen Arten von Würsten oder Salat.

Zubereitung:

Die Hefe mit dem Zucker und etwas lauwarmem Wasser in einer Tasse verrühren, bis sie sich aufgelöst hat. Anschließend einige Minuten an einem warmen Ort stehen lassen. Das Mehl in eine Rührschüssel geben. Das Öl, das Wasser, die Zucker-Hefemischung und zum Schluss das Salz hinzufügen. Mit dem Knethaken rühren, bis der Teig glatt ist und sich vom Schüsselrand löst. Die Schüssel über Nacht in den Kühlschrank stellen und den Teig am nächsten Tag erneut durchkneten. Mit bemehlten Händen die Brötchen formen und 20 Minuten an einem warmen Ort gehen lassen. Dann die Brötchen in den kalten Backofen schieben und bei 220 °C 15 bis 20 Minuten goldgelb backen.

Zutaten:

500 g Mehl
1 Pkg. Trockenhefe
1 EL Zucker
4 EL Öl
250 ml Wasser
1 TL Salz

Bierbrot

Zubereitung:

Das Mehl in eine Schüssel geben und mit dem Backpulver und dem Salz gut vermischen. Dann das Bier, den Honig und den Kümmel mit dem Mehl gut verrühren. Je nach Geschmack kann der Kümmel auch grob geschrotet werden. Eine Kastenform mit etwas Butter einpinseln und den Teig hineingeben. Die Butter in einem kleinen Pfännchen oder in einer Tasse zum Schmelzen bringen, gleichmäßig über das Brot gießen und das Brot im auf 180 °C vorgeheizten Ofen eine Stunde backen.

Zutaten für 1 Brot:

500 g Weizenmehl
250 ml Bier aus Namibia
100 g Butter
1 Pkg. Backpulver
20 g Honig
1 TL Kümmel
½ TL Salz

Schwarzbrot

Zutaten für 2 Brote:

500 g Weizenmehl
500 g Weizenschrot
500 g Roggenschrot
1 L Buttermilch
200 g Rübensirup
2 Pkg. Hefe
1 ½ EL Salz

Zubereitung:

Den Weizen- und Roggenschrot mit der Buttermilch gut vermengen und über Nacht im Kühlschrank quellen lassen. Für die Brotbereitung das Weizenmehl, den Rübensirup (z.B. Grafschafter Goldsaft), die Hefe, das Salz und das Schrot mit der Buttermilch gut miteinander verkneten. Zwei Kastenformen einfetten und mit dem Teig befüllen. Die Formen in den kalten Backofen geben und bei 150 °C etwa zweieinhalb Stunden backen. Neben zahlreichen Wurstspeisen schmeckt auch Blauschimmelkäse auf diesem Brot hervorragend.

Apfelstrudel

Zutaten für 12 Portionen:

7 Strudelteig:
250 g Weizenmehl
2 Eier
100 ml Wasser, lauwarm
1 EL Öl
1 Prs. Salz

Butterstreusel:
100 g Semmelbrösel
2 EL Butter

Zimtzucker:
140 g Zucker
10 g Zimt

Füllung:
170 g Rosinen
Zitronensaft
1,2 kg Äpfel, sauere
1 EL Rum

Zubereitung:

Für die Butterstreusel die Butter in der Pfanne erhitzen, die Semmelbrösel beigeben und goldbraun rösten. Die Äpfel schälen, entkernen und in Scheiben schneiden. Es sollte ein Gewicht von einem Kilo Äpfel erhalten bleiben. Für den Zimtzucker beide Zutaten in einer kleinen Schüssel vermischen. Die Zutaten für den Strudelteig so lange kneten, bis sich der Teig von den Händen und vom Tisch löst. Den Teig zu einer Kugel formen, mit dem Öl bestreichen und eine halbe Stunde ruhen lassen. Dann auf einem bemehlten Tuch rechteckig ausrollen, mit den Handrücken hauchdünn ausziehen und mit der Butter bestreichen. Die Zutaten für die Füllung gut vermischen. Dann den Zimtzucker und die Butterstreusel unter die Füllung rühren. Die Füllung auf dem ausgezogenen Teig verteilen, dicke Ränder wegschneiden und mit dem Tuch vorsichtig einrollen. Den Strudel auf ein mit Butter bestrichenes Backblech rollen und im auf 190 °C vorgeheizten Backofen goldbraun backen. Den Strudel nach dem Backen sofort mit heißer Butter bestreichen.

Stockbrot mit Bacon

Wenn kein Potjie für Buschbrot zur Verfügung stand, wurde das Brot traditionell am Lagerfeuer mit dem Stock bereitet.

Zubereitung:

Das Mehl mit dem Backpulver und dem Salz in einer Schüssel mischen. Die Butter zugeben und mit den Händen einkneten. Anschließend die Milch hineingießen und den Teig erneut gut durchkneten. Lange Stöcke/ Ruten suchen und säubern. Den Teig zu langen Schnüren formen und in einer Spirale um die Stöcke wickeln. Beim Umwickeln die Bacon-Scheibe dazwischen einwickeln. Über dem offenen Feuer knusprig backen und die Tipps aus dem vorausgegangenen Stockbrot-Rezept beherzigen.

Zutaten:

400 g Weizenmehl
150 ml Milch
50 g Butter
2 TL Backpulver
150 g Bacon
1 TL Salz

Stockbrot

Wenn kein Potjie für Buschbrot zur Verfügung stand, wurde das Brot traditionell am Lagerfeuer mit dem Stock bereitet.

Zubereitung:

Das Mehl mit dem Backpulver und dem Salz in einer Schüssel mischen. Die Butter zugeben und mit den Händen einkneten. Anschließend die Milch hinein gießen und den Teig erneut gut durchkneten. Lange Stöcke/Ruten suchen und säubern. Den Teig zu langen Schnüren formen und in einer Spirale um die Stöcke wickeln. Über dem offenen Feuer knusprig backen, dabei immer wieder den Stock drehen, damit nichts anbrennt. Unbedingt darauf achten, dass der Stock einen guten Halt hat und nicht in das Feuer fällt. Der Teig benötigt wie richtiges Brot einige Zeit, um innen gar zu werden. Ungeduldigen sei geraten, das Brot nicht zu nahe an das Feuer zu halten, um das Brot schneller zu garen. Es wird dann außen schwarz und bleibt innen roh.

Zutaten:

400 g Weizenmehl
150 ml Milch
50 g Butter
2 TL Backpulver
½ TL Salz

Das Parlament - früher Tintenpalast genannt.

Schwarzwälder Kirschtorte

Sie ist so berühmt, dass man sie auch in Namibia serviert bekommt. Bekannt sind für die guten Torten, neben zahlreichen anderen Cafés, das Café Treffpunkt oder das Café Anton in Swakopmund.

Zutaten für 1 Torte:

75 g Mehl
750 ml Sahne
75 g Speisestärke
3 gestrichene TL Backpulver
150 g Butter
130 g Zucker
1 ½ Pkg. Vanillezucker
6 Eier
115 g Mandeln, gemahlen
150 g Schokolade, gerieben
12 EL Kirschwasser
300 g Kirschkonfitüre
etwas Vanillezucker
1 EL Schokolade, geraspelt
kandierte Kirschen (keine Cocktailkirschen)

Zubereitung:

Die Butter mit dem Mixer schaumig schlagen, den Zucker unterrühren, den Vanillezucker und die Eier zugeben. Dann die Mandeln und geriebene Schokolade auf die Teigmasse geben. Das Mehl mit der Speisestärke und dem Backpulver in einer Schüssel gut mischen und auf den Teig sieben. Anschließend umrühren und darauf achten, dass keine Klumpen entstehen. Den Teig in eine am Boden gefetteten Springform geben und im Backofen bei 180 °C etwa 50 Minuten backen. Der Torten-Teig darf nicht hart werden. Anschließend abkühlen lassen, aus der Form nehmen und 2 mal flach aufschneiden, so dass 3 Scheiben (Tortenböden) entstehen. Die Sahne steif schlagen und etwas Kirschwasser sowie den Vanillezucker einrühren. Die Tortenböden mit Kirschwasser beträufeln und mit Kirschkonfitüre, Kirschen und Schlagsahne bestreichen. Dann wieder aufeinander setzen. Die Oberfläche und den Rand der Torte mit Schlagsahne bestreichen, die geraspelte Schokolade darüber streuen und mit Kirschen garnieren.

Käsekuchen

Zubereitung:

Die Zutaten für den Mürbeteig in eine Schüssel geben und mit den Händen zu einer festen Masse verkneten. In den Kühlschrank stellen und 1 Stunde ruhen lassen. Für die Käse-Füllung die Eier trennen, mit dem Mixer die Eigelb mit dem Zucker in einer Schüssel schaumig rühren. Dann den Quark, die saure Sahne und das Salz einrühren. Die Schale der Zitrone abreiben und deren Saft auspressen. Die Butter klären und mit der Zitronenschale, dem Saft und der Speisestärke unter die Masse mixen. Die Eiweiß in eine Schüssel geben, mit dem Mixer steif schlagen und unter die Masse heben. Nun wird die Masse in die mit dem Mürbeteig ausgelegte Springform gießen und im auf 220 °C vorgeheizten Backofen 40 Minuten backen. Dann den Kuchen für 10 Minuten aus dem Ofen nehmen, ohne die Temperatur abzuschalten. Anschließend erneut 10 Minuten gebacken. Nach dem Herausnehmen den Rand mit einem Messer umfahren, um mögliches Anhängen zu verhindern.

Zutaten für 1 Kuchen:

Teig:
300 g Mehl
150 g Butter
80 g Zucker
1 Ei
1 Prs. Salz

Käse-Füllung:
750 g Quark
125 g saure Sahne
6 Eier
250 g Zucker
1 Zitrone
50 g Speisestärke
100 g Butter
1 Prs. Salz

Streuselkuchen

Zubereitung:

Das Mehl in eine Schüssel geben und in die Mitte eine Vertiefung machen. Die Hefe in einer Tasse mit einem Esslöffel Milch auflösen und einige Minuten warm stellen. Die Milch-Hefe in die Vertiefung geben, etwas Mehl unterrühren und 15 Minuten zugedeckt, an einem warmen Ort gehen lassen. Die Butter schmelzen, aber nicht heiß werden lassen. Mit 5 Esslöffeln Milch, dem Zucker, dem Salz und den Eiern verrühren und dann unter den Teig mischen. So lange rühren, bis ein geschmeidiger Teig entstanden ist. Den Teig mit

Zutaten für 1 Kuchen:

250 g Mehl
60 g Butter
60 g Zucker
20 g Hefe
6 EL Milch
2 Eier
1 Prs. Salz

Streusel:
100 g Mehl
80 g Butter
80 g Zucker
½ TL Zimt

dem Nudelholz 1 Zentimeter dick ausrollen und auf ein gefettetes Kuchenblech legen. Mit einem feuchten Tuch abdecken und an einem warmen Ort eineinhalb Stunden gehen lassen. Dabei von Zeit zu Zeit mit etwas Milch einpinseln. Für die Streusel die Butter in einer Pfanne schmelzen und das Mehl darin hellgelb andünsten. Den Zucker und Zimt hinein geben. Beim Rühren bilden sich die Streusel. Diese über den aufgegangenen Kuchenboden streuen und nochmals 30 Minuten gehen lassen. Im auf 180 °C vorgeheizten Backofen 30 Minuten backen.

Schokoladentorte

Zutatenfür eine Springform mit 20 cm Ø:

230 g dunkle Schokolade (mit 52 % Kakaoanteil)
60 g Mehl
50 ml Milch
160 g Butter
4 Eier
50 g Zucker
50 g Crème fraîche
Butter für die Form

Zubereitung:

Zur Vorbereitung die Schokolade in kleine Stücke brechen. Die Eier trennen und die Eigelb und den Zucker in eine Schüssel geben. Mit dem Mixer die Eigelb und den Zucker zu einer weißen, schaumigen Masse aufschlagen. Das Mehl hinzufügen und darauf achten, dass sich keine Klumpen bilden. Die Masse so lange schlagen, bis eine cremige Masse entstanden ist. Die Milch, die Crème fraîche und die Butter in einem Topf aufkochen lassen, vom Herd nehmen und die Schokolade hinzufügen. Unter Rühren schmelzen lassen und falls nötig, den Topf noch einmal kurz auf den Herd stellen und die Masse mit dem Schneebesen schlagen. Die Schokoladenmischung unter die Eigelbcreme rühren. Die Springform mit Butter bestreichen und den Teig in die Form füllen. Im auf 150 °C vorgeheizten Backofen 8 Minuten backen. Abkühlen lassen, aus der Form nehmen und kalt servieren.

Köcherbaum

Getränke

Nashorn

Aus dem Nachbarland Südafrika stammen die meisten Weine, die man in Namibia serviert, wenngleich es auch erste Weine aus eigener Produktion gibt und die Namibian Breweries brauen seit Jahren ihr Windhoek-Bier nach dem deutschen Reinheitsgebot von 1516.

Zitronenschnaps

Zutaten:

4 L Korn (32% oder 38%)
20 Zitronen, ungespritzt

Zubereitung:

Die Zitronenschale sehr dünn abschälen und in ein großes, luftdichtverschließbares Glasgefäß geben. Den Korn hinzu gießen, verschließen und 3 Wochen an einem dunklen, aber nicht zu kühlen Platz ziehen lassen. Nach dieser Zeit den Schnaps durch ein Sieb wieder in die Flaschen füllen.

Rooibusch-Eistee

Zutaten:

1 L Rooibuschtee, sehr stark
½ Zitrone

Zubereitung:

Den sehr starken Rooibuschtee und Saft der halben Zitrone mischen. Einige Eiswürfel hinzugeben und kalt servieren.

Rooibusch-Punsch

Zubereitung:

Die Flüssigkeiten mischen. Dann die Gewürze dazugeben und alle Zutaten erhitzen, aber nicht kochen lassen. Heiß servieren.

Zutaten:

750 ml Rotwein
500 ml Rooibuschtee, heiß
½ Zitrone, Schale dünn abschaben
½ Orange, Schale abgerieben
2 Stangen Zimt
6 Nelken
etwas Muskatnuss, gerieben
Zucker, nach Geschmack

Rock Shandy

Dieser Drink aus den Zeiten der Kolonien wird heute noch gerne in vielen Safari-Camps serviert.

Zubereitung:

Das Glas zur Hälfte mit dem Eis füllen. Dann den Lime Juice und den Angostura hineingießen und mit dem Mineralwasser auffüllen.

Zutaten für 1 Drink:

2 EL Lime Juice
3 Spritzer Angostura
Mineralwasser, kalt, mit Kohlensäure
Eis

Straußenei-Weinbrand

Zubereitung:

Das Eigelb (alternativ: 20 Hühner-Eigelbe) und die ausgeschabten Vanillestangen mit dem Zucker in eine Schüssel geben und 10 Minuten mit dem Mixer schlagen (ohne Mixer 30 Minuten), bis sich der Zucker gelöst hat und die Masse sämig und schaumig ist. Unter ständigem Rühren nun den Weinbrand in dünnem Strahl zugießen. Einige Minuten stehen lassen und erneut umrühren. In mit kochendem Wasser sterilisierte Flaschen füllen und verkorken. Der Weinbrand kann sofort getrunken werden. Die Flasche vor dem Öffnen schütteln.

Zutaten:

1 Eigelb vom Straußenei
4 Stangen Vanille
1 kg Zucker
2 L Weinbrand

Omaere

Zutaten:

frische Milch

Zubereitung:

Man lässt die Milch gerinnen und trinkt dieses nach Sauermilch schmeckende Getränkt direkt.

Afrika-Milch

Zutaten:

3 Bananen
1 L Milch
125 g Sahne
50 g Haselnüsse, gehackt
2 EL Kakao
1 Ei
Zucker

Zubereitung:

Die Bananen mit dem Ei, dem Kakao und den Nüssen im Mixer pürieren. Die Milch und die Sahne dazugießen, verrühren und das Getränk mit etwas Zucker abschmecken.

Zitronen-Brause

Zutaten:

1 TL Zitronensäure, gestrichen
½ TL Natron (aus der Apotheke)
Wasser
etwas Zucker

Zubereitung:

Die Zitronensäure und das Natron in ein Glas Wasser geben. Umrühren und mit Zucker süßen.

Baobab Kaffee

Zubereitung:

Die Samen des Baobabbaums in einer Pfanne rösten. Anschließend abkühlen lassen. Den Kaffee mahlen und im Kaffeefilter mit heißem Wasser aufbrühen.

Zutaten:

Kaffee-Ersatz vom Affenbrotbaum
Samen des Baobabbaums

Maheei

Zubereitung:

Den Maisbrei mit Wasser vermischen und in einem verschlossenem Behälter so lange lagern, bis das Mieli meal sauer wird. Die Flüssigkeit kann gelagert werden und ist noch nach Tagen genießbar.

Zutaten:

Mieli meal
Wasser

Giraffen

„Der Pilz, den jeder gerne isst,
heißt, weil der Reim es will, Bovist.
Doch schmeckt noch besser, sagt meine Oma,
ein Pilz aus Namibia namens Omajova.“

Evert Kornmayer

Bezugsquellen

Diaz Kreuz

Bezugsquellennachweise für Speisen

(Bestellmöglichkeiten für Spezialitäten aus dem südlichen Afrika in Deutschland, Österreich und der Schweiz / Nach Postleitzahlen geordnet / Angaben ohne Gewähr)

http://www.bennetts.de/ E-Mail: info@bennetts.de
Bennetts Trading OHG, Husumer Straße 50, D-21465 Reinbek
Speisen: Krokodil, Kudu, Springbock, Schlange, Strauß, Zebra

http://www.afrikanischessen.de/ Tel.: (+49) 0 51 32 - 68 39
Samberger's Restaurant und Spezialitätenversand, Hannoversche Str. 11, D-31319 Sehnde - Höver
Speisen: Fisch, Filets vom King-Klip, Straußengulasch, Straußen-Bratenfleisch oder Rücken, Straußenfilets, Kudu Antilope, Gemsbock, Blesbock, Springbock-Keulen oder Rücken, Krokodil-Schwanzfilets, Zebra-Bratenfleisch oder Rücken / Filets, Kalahari-Trüffel (Trüffel aus der Kalahariwüste), Biltong vom Rindfleisch, frische und getrocknete Boerewors, geräucherten Schinken vom Strauß, Zebra, Kuduantilope

http://www.straussenfarm-oyle.de/ E-Mail: ehlerhugo@aol.com
Straußenfarm Oyle, Kohlgärten 6a-8, D-31608 Marklohe/Oyle
Speisen: Straußenfleisch, Straußeneier

http://www.afroshop.info/ E-Mail: info@afroshop.info
Afroshop.info, Poststr. 1, D-32423 Minden
Speisen: Ground Crayfish, Fufu-Mehl, Yams-Mehl, Cassava-Mehl

http://www.mrsballs-chutney.de/ E-Mail: info@mrsballs-chutney.de
Lutzemann & Nottbusch GbR, Unterm Mooskamp 7, D-32547 Bad Oeynhausen
Speisen: Mrs. H.S. Ball's Chutney

http://www.straussenhof.ch/ E-Mail: info@straussenhof.ch
Straussenhof Duppenthal, CH-3367 Ochlenberg/Thörigen
Speisen: Straußenfleisch

http://www.bianchi.ch/shop/ E-Mail: admin@bianchi.ch
G. Bianchi AG, Allmendweg 6, CH-5621 Zufikon AG
Speisen: Springbock, Krustentiere, Lammfleisch, Strauß, Hummer, Austern, Fisch

http://www.mhoufarm.de/de/laden.html E-Mail: info@mhoufarm.de
Straussenfarm Mhou, Siedlerhof 2/4, D-77836 Rheinmünster-Schwarzach
Speisen: Straußenfleisch

http://www.steppacherhof.de/ E-Mail: info@steppacherhof.de
Straußenfarm Steppacher Hof , D-78176 Blumberg-Riedöschingen
Speisen: Straußenfleisch

http://www.bischofberger.ch/shop/ E-Mail: info@bischofberger.ch
Bischofberger AG, Hagenholzstrasse 113, Postfach, CH-8050 Zürich
Speisen: Springbock, Straußenfleisch

http://straussenwirt.at/index1.htm E-Mail: info@straussenwirt.at
Straußenwirt, Auffen 51, A-8272 Sebersdorf
Speisen: Straußenfleisch, Leber, Pastete, Straußeneier

http://www.australian-food-wine.com E-Mail: trendfood@gmx.net
Trend Foods Pty. Ltd., Lehrer-Goetz Weg 2, D-81825 München
Speisen: Krokodil, Strauß, Blesbock, Impala, Kudu, Oryx, Springbock, Zebra

http://www.straussenfarm.at/ E-Mail: über die WebSite
Straußenfarm, A-8484 Oberpurkla 11
Speisen: Straußenfleisch, Straußenhals, Straußenleber, Geräuchertes vom Strauß, Straußen-Eierlikör

http://www.straussenfarm-erlenhof.ch/ E-Mail: rohner@straussenfarm.ch
Straussenfarm - Erlenhof, CH-8500 Frauenfeld
Speisen: Straußenfleisch, Straußenhals, Würste, Straußenfleischkäse, Innereien

http://www.rieser-straussenfarm.de E-Mail: info@rieser-straussenfarm.de
Rieser Straussenfarm, Hauptstraße 18, D-86745 Hohenaltheim im Ries
Speisen: Straußenfleisch, Salami, Schinken, etc.

Fort Grootfontein

Glossar

Die Felsenkirche von Lüderitz

A

Austern
Sie kommen aus Walvis Bay und Swakopmund und werden auf viele Arten zubereitet.

B

Baobab (Affenbrotbaum)
Der Baum soll über 4.000 Jahre alt werden können. Das Fruchtfleisch wird für ein erfrischendes Getränk verwendet oder dient als Getreideersatz für Brot. Die Samen ergeben geröstet einen Kaffee-Ersatz und die Sprossen werden wie Spargel gegessen.

Bier
Die Namibian Breweries brauen seit vielen Jahren das Windhoek-Bier nach dem deutschen Reinheitsgebot von 1516. Eine weitere Marke ist Hansa. Bier ist das Getränk zu Braaivleis.

Biltong
Luftgetrocknetes Fleisch von verschiedenen Wildtieren, in Streifen geschnitten. Es wird mit Essig, Salz, Koriander und Pfeffer gewürzt.

Black-eyed pea (China-Bohne, Augenbohne)
Eine kleine weiße Bohne mit dem typischen schwarzen Augenfleck. Sie kocht weich, nimmt das Aroma der übrigen Zutaten gut auf.

Braaivleis (Barbecue, Grillen)
Braaivleis ist sehr beliebt in Namibia. Das Grillen im Freien ist eine der Spezialitäten der Landesküche.

Brötchen
Zum Frühstück gibt es in Namibia Brötchen, belegt mit Käse, Eiern, Fleisch, Salami und andere Arten von Würsten oder Salat.

C

Colombard Wein
Der Colombard stammt von der Kristall Kellerei Winery in Omaruru, dem ersten und einzigen Weinkeller in Namibia.

Crayfisch (Greyfish, Rock Lobster, Felsenhummer)
Eine Gaumenfreude sind die als Crayfish gehandelten Felsenhummer. Frischen Hummer gibt es vor allem in Swakopmund, Lüderitz und Walvis Bay. Der Crayfish ist etwas kleiner als ein gewöhnlicher Hummer und hat keine Scheren.

D

Droewors
Eine grobe, getrocknete und gut gewürzte Wurst.

E

Elenantilope (Elen oder Eland)
Man findet diese Antilope in der offenen Strauch- und Buschsavanne in Nord-Namibia.

F

Fisch
Fisch aus dem Atlantik, der täglich frisch gefangen wird. Wegen des großen Fischreichtums bietet Namibia seinen Gästen vor allem in den Landstrichen nahe der Küste ein reichhaltiges Angebot, z.B. Makrelen, Kabeljau, Hai- und Tintenfische, aber auch Hummer, Austern und Langusten.

G

Galjoen (Fisch, Dichistius capensis)
Die Galjoen kann bis zu 50 cm groß werden und ein Gewicht von 7 kg erreichen. Normalerweise ist er jedoch wesentlich kleiner. Der Galjoen ist ausschließlich entlang der namibischen und südafrikanischen Küste zu finden. Seine Nahrung besteht vorwiegend aus kleinen Muscheln. Die Fangmenge ist für die Fischer begrenzt, so dass der Galjoen eine gesuchte Delikatesse ist.

Gnu (Wildebeest)
Diese Antilopengattung, nach ihren tiefen, trägen Lauten benannt, leben in den Steppen Namibias.

H

Hai
An Namibias fischreicher Atlantikküste werden verschiedene Haie in der Brandung geangelt und auf unterschiedliche Art zubereitet.

I

Impalas (Schwarzfersenantilopen)
Sie sind sehr verbreitet und bekannt für ihre eleganten Sprünge, die bis zu 3 Meter hoch und 10 Meter weit sein können. Mit diesen Sprüngen verwirren sie Raubtiere, die in dem Durcheinander das einzelne Tier nicht mehr im Auge behalten können.

K

Kalahari-Trüffel (Ovitjotjos, nabbas, knol, sandpotatos, Terfezia Pfeilii Hennings)
Diese Spezialität wird im Mai aus dem roten Sand der Kalahari-Wüste gegraben. Vor allem die Restaurants in Windhoek bieten zahlreiche Trüffelgerichte an. Diese weißen Trüffel haben einen feinen, nussigen Geschmack.

Kürbis
Verschiedene Kürbissorten sind das Lieblingsgemüse im Herbst.

Kudu
Die Kudus leben in der Baumsavanne mit Buschwerk und sind in Namibia weit verbreitet. Kudu ist geschmacklich am besten mit dem Rothirsch zu vergleichen.

Kuhantilope (Hartebeest)
Lebt in großen Herden in der offenen Savanne.

M

Maisbrei
Dieser dünne Maisbrei dient in ganz Namibia als Grundbestandteil des Frühstücks oder dient als Beilage zu Speisen. Meist wird er auf einer Feuerstelle im Freien gekocht.

Mopane Raupe (mopane caterpillar)
Die Raupen werden normalerweise über dem offenen Feuer geröstet oder zum späteren Verzehr sonnengetrocknet. Dazu werden verschiedenen Saucen gereicht.

O

Oktoberfest
In Windhoek und weiteren Städten wird das Oktoberfest veranstaltet. Zum Programm gehören natürlich viel Bier, Schunkeln, Würstchen und Haxen vom Grill. Ganz nach dem Vorbild in München.

Omajova-Pilze (Amajowas)
Eine saisonale Spezialität sind die Omajova Pilze. Die großen Pilze mit langen Wurzeln, die am Fuß von Termitenhügeln wachsen, werden bis zu 3 Kilo schwer. Sie wachsen im Februar direkt nach dem Regen und ihr Fruchtfleisch ist mit unserem Champignon zu vergleichen. Wer sie sammeln möchte, muss schnell sein, denn Antilopen mögen die Pilze genauso gerne.

Oryx (Gems- oder Spießbock)
Die Oryx-Antilope ist das Wappentier Namibias. Man findet sie in der Wüste, Halbwüste mit offenen Savannen und Buschsavannen. Sie gilt als besonders angriffslustig. Selbst vor großen Raubtieren wie Löwen schrecken Oryx-Antilopen nicht zurück.

P

Potjiekos (sprich: »boykies«)
Ein Eintopf, der über offenem Feuer in einem dreibeinigen, eisernen Topf gegart wird.

S

Sceleton coast (Skelettküste)
Die Skelett-Küste ist eine eigenartige Wüstenküste mit gewaltigen Dünen und ist übersät mit Schiffwracks. An der Skelettküste machen zahlreiche Haifischarten sowie Braune und Blaue Rochen, Kabeljau und verschiedene Brassen das Brandungsangeln von Land aus zu einer besonderen Herausforderung für jeden Angler.

Schwarzwälder Kirschtorte
Sie ist so berühmt, dass man sie auch in Namibia serviert bekommt. Bekannt sind für die guten Torten, neben zahlreichen anderen Cafés, das Café Treffpunkt oder das Café Anton in Swakopmund.

Snoek
Er gehört zur Familie der Barrakudas. Bei Anglern ist er als ein starker Kämpfer bekannt. Er kommt in großen Schwärmen vor und hat ein Durchschnittsgewicht von 5 kg. Er kann aber bis zu 9 kg schwer werden.

Springbock
Die Springböcke sind in Namibia sehr zahlreich und sind in den trockenen Regionen des Südwestens besonders häufig. Sie bilden große Herden und können bei der Flucht eine Geschwindigkeit von bis zu 90 km/h erreichen. Ihren Namen haben sie von den senkrechten Luftsprüngen, bei denen sie sich mit allen Vieren gleichzeitig von der Erde abstoßen und sekundenlang in der Luft verharren.

Steinböckchen (Ombundja)
Sie leben einzeln oder paarweise in der offenen Busch- und Grassavanne. Die Steinböckchen sind ein zierliches Wild und ernähren sich von Gras und Blättern.

Straußenfleisch
Ist noch nicht so lange in Namibia verbreitet, aber mittlerweile ist das Straußensteak etwa so normal, wie bei uns Fleisch von der Gans.

Südwesterküche
Typisch deutsche Spezialitäten, wie Landjäger, Salamis und andere Arten von Würsten, gehören genauso zur namibischen Küche wie zahlreiche Brotsorten und die vielen Kuchen und Torten, wie die wahrscheinlich nirgendwo in Afrika authentischer schmeckende Schwarzwälder Kirschtorte.

Swakop-Spargel
Spargel kommt in Namibia aus der Küstenstadt Swakopmund, wo der grüne Spargel im Flussbett des Swakop wächst. Da es hier keinen Frost gibt, kann das ganze Jahr Spargel geerntet werden. Die beste Qualität gibt es von September bis Mai.

W

Warzenschwein
Es ist in ganz Namibia weit verbreitet. Es lebt in der Savanne, lichtem Waldland und an Wasserlöchern, in welchen es gerne suhlt. Das Warzenschwein ist ein Allesfresser, bevorzugt jedoch frisches Gras.

Wein
Seit 1995 wird in Namibia Wein geerntet, welcher in der „Kristall Kellerei Winery" in Omaruru ausgebaut wird. Man keltert Colombard und Ruby Cabernet.

Wild
Namibias Küche ist reich an Wildarten. Kudu-, Oryx-Antilopen- oder Springbock-Steaks sind als Delikatessen sehr geschätzt.

Z

Zebra
Sie leben in der offene Savanne mit Baumbestand. Sie bilden kleinere Familiengruppen mit einem Hengst, die sich oft zu großen Herden zusammenschließen. Sie ernähren sich von Gras.

Die Spitzkoppe

Begriffe aus der Namibischen Küche

Death Vlei

Deutsch = English = Afrikaans
(oder die entsprechende Begriffserklärung)

A

Abendessen = dinner = aandete
Anglerfisch/Seeteufel = frogfish/monkfish = anglefish
Atjar = scharfe Soße mit eingelegten Gemüse- oder Fruchtstücken
Aubergine = eggplant = brinjal
Auster = oyster = oester

B

Barracuda (atlantiche Art/Thyrsites Atun) = Barracuda = Snoek/Cape Snoek
Bier = beer = bier
Biltong = getrocknete/gepökelte Fleisch-Streifen (Rind, Antilope u.a.)
Bobotie = Hackfleischauflauf mit Curry, ursprünglich aus Südafrika
Bockshornklee (Gewürzbestandteil) = fenugreek = fenugrek
Boerewors = würzige, zur Schnecke gerollte Bauernbratwurst
Bohnen = beans = boontjies
Braai = Grillfest (ursprünglich aus Südafrika)
Brei oder Pudding (auf Mehlbasis) = porridge = pap
Brot = bread = brood
Büffel = buffalo = buffel
Butter = butter = botter
Butterfisch = butterfish = bottervis

E

Ei = egg = eier
Eier = eggs = eiers
Elefant = elephant = Olifant
Ente = duck = eend
essen = eat = eet

F

Felshummer (Astacidea/Parastacidae) = rocklobster = kreef/crayfish
Fisch = fish = vis
Flasche = bottle = bottel
Fleisch = meat = vleis
Frikadellen = rissole = frikkadels
Früchte = fruit = vrugte
Frühstück = breakfast = ontbyt

G

Gabel = fork = vurk
Galjoen (Kabeljau-Art/Coracinus capensis) = blackfish = galjoen
gekochtes Ei = cooked egg = gekookte eier
Gelbflossen Thunfish = yellowfin tuna/allison tuna = ahi
Gemüse = vegetable = groente
Gemüseeintopf = vegetable stew = groente pot
Goldmakrele = dolphinfish = delphinfisch
Grillfest = barbecue/BBQ = braai
Grillfleisch = barbecue meat = braaivleis

K

Kaffee = coffee = koffie
Kalahari-Trüffel = Trüffelart aus der Kalahari
Kalb = Veal = kalf
kalt = cold = koud
Kaninchen = rabbit = konyn
Kap-Stachelbeere (Physalis Peruviana) = ground tomato/ground cherry = cape gooseberrie
Kartoffel = potato = aartappel
Käse = cheese = kaas
Kekse = cookies = koekies
Krautsalat = cabbage = salad
Kuchen = cake = koek
Kürbis = pumpkin = pampoen

L

Lamm = lamb = lam
Lammkotelett = lambchop = lamtjop
Leber = liver = lewer
Lengfisch (Dorschart) = kingklip

M

Maifisch (Herings-Art/Alosa Alosa) = shad = elf
Mais = sweetcorn = milie
Maisbrei = mealie pap = miliepap
Marmelade = jam = konfyt
Melone = melon = spanspek
Miesmuschel = mussel = mossel
Milch = milk = melk
Mineralwasser = mineral water = mineraalwater
Mittagessen = lunch = middagete
Mopane Raupen = mopane caterpillar = mopaniewurms

N

Nachtisch = dessert = nagereg
Nieren = kidneys = nier
Nüsse = nuts = neute

O

Okra = Gumbos/Gambos = Okra
Omajova = Pilzart
Omlett = omelet = omelet
Orangensaft = orange juice = lemoensap

P

Perlhuhn = guinea fowl = tarentaal (Abkz: tan)
Pilze = Mushrooms = Sampioen
Potjiekos = Eintopf in einem dreibeinigen gusseisernen Topf

R

Reis = rice = rys
Rind = Beef = Bees
Rosinen = raisin = rosyn
Rühreier = scrambled eggs = roer eier

S

Salat = salad = slaai
Salz = salt = sout
Sauermilch = curdled milk = omaere
Schaaf = Sheep = Skaap
Schinken = ham = ham
Schnaps = schnaps = mampoer
Schwein = Pork = Vark
Seeteufel/Anglefisch = frogfish/monkfish = anglerfish
Spiegelei = fried egg = gebakte eier
Springbock (große Garzellenart) = springbok = Springbok
Steinbeißer/Seewolf (Anarhichas Lupus) = catfish = katfisch
Stockbrot = branch baked bread = welbeloontjies
Stockfisch = stockfish = hak
Strauß = ostrich = volstruis
süß = sweet = soet
Süßkartoffel = sweet potato = mbatata
Suppe = soup = sop

T

Tee = tea = tee
Torte = tart/cake = tert
Truthahn = turkey = kalkoen

V

Vrugterol = in Lagen getrocknetes, gerolltes Obstmus

W

Wasser = water = water
Warzenschwein = warthog/watoog = vlakvark
Wein = Wine = Wyn
Wildbrett = game = wildbrett
Wildgeflügel = gamebirds = wildvoel

Y

Yellowtail = yellowtail kingfish/cape yellowtail (Serida Lalandi Lalandi) = halfkoort

Z

Ziege = goat = bok
Zitrone = lemon = suurlemoen
Zucker = sugar = suiker

Register

Fingerklippe

Index

Y

Z

Camp

KLASSISCHE & MODERNE REZEPTE AUS
SÜDAFRIKA

Über 280 Rezepte aus den Provinzen am Kap der Guten Hoffnung

Die Südafrikaner sind Feinschmecker und großzügige Gastgeber. Exotisch duftend, delikat gewürzt und abwechslungsreich - serviert die Regenbogen Nation die typischen Gerichte ihrer Heimat. Ob Kap Crayfish Suppe, Straußencarpacio, Springbock-Rücken in Walnusscrepes mit Pinotage-Rotweinbutter, Bobotie, Bredie oder Kap Brandy Pudding, Sie finden viele Möglichkeiten sich und Ihre Gäste zu verwühnen.
4. Auflage
Autor: Evert Kornmayer
241 Seiten . engl. Broschur . 21 x 15 cm
15 Bilder und 47 Abbildungen/Illustrationen (sw)
ISBN 978-3-9808785-0-0 . Preis: 12,95 €

KLASSISCHE & MODERNE REZEPTE AUS
NAMIBIA

Über 200 Rezepte aus den Küchen der Farmen, Restaurants und den Lagerfeuern im Südwesten Afrikas

Die Vielfalt Namibias spiegelt sich auch in der Küche wieder, denn die Küche im Südwesten Afrikas hat viel mehr zu bieten als Maisbrot oder Maisbrei. Gegrilltes Rind- und Lammfleisch, deftige Gerichte, Wild wie Kudu, Oryx, Springbock oder Strauss stehen ebenso auf der Speisekarte, wie Kuchen oder Wurst, Bier gebraut nach deutschem Reinheitsgebot und gegrillte Bratwurst zum Oktoberfest in Windhoek.
4. Auflage
Autor: Evert Kornmayer
203 Seiten . Hardcover . 21 x 15 cm
34 Bilder und 44 Abbildungen/Illustrationen (sw)
ISBN 978-3-9808785-4-8 . Preis: 12,95 €

KLASSISCHE & MODERNE REZEPTE AUS
KENIA

Über 220 Rezepte „*Out of Africa*"

Bei der Zusammenstellung der historischen Rezepte stützte sich der Autor unter anderem auf Tania Blixens »Jenseits von Afrika« (Out of Africa). Ihre kulinarischen Beschreibungen durchdringen dieses Werk mit Zitaten und Rezepten von ihrer Farm in Afrika am Fuße der Ngongberge. Alle Rezepte können leicht nachgekocht werden.

2. Auflage
Autor: Evert Kornmayer
214 Seiten . Hardcover . 21 x 15 cm
50 Bilder und 25 Abbildungen/Illustrationen (sw)
ISBN 978-3-938173-05-3 . Preis: 14,95 €

KLASSISCHE & MODERNE REZEPTE AUS
AUSTRALIEN

Über 270 Rezepte aus den Küchen der Farmen, den Restaurants und den Lagerfeuern des Roten Kontinents

Die Landesküche verändert sich, interpretiert sich selbst und wandelt mit dem Zeitgeist der „Terra Australis". Was, wie das Känguru vor 20 Jahren noch als nicht wirklich essbar galt, wurde inzwischen zur Delikatesse. Dieser authentische Querschnitt durch die Landesküche vereint traditionelles ´Bushfood´ mit feiner pazifischer und europäischer Küche.

2. Auflage
Autor: Christoph Kornmayer
298 Seiten . Hardcover . 21 x 15 cm
69 Bilder und 34 Abbildungen/Illustrationen (sw)
ISBN 978-3-9808785-9-3 . Preis: 15,95 €

KLASSISCHE & MODERNE REZEPTE AUS
NEUSEELAND

Über 250 Rezepte von den grünen Inseln im Pazifik

Neuseeland kennt sowohl die traditionelle Küche der Maori wie den Kulturimport der Europäer. In einer neuen Kochkultur verbinden sich englische und kontinental-europäische Wurzeln mit den natürlichen Gegebenheiten der grünen Inseln im südlichen Pazifik.

4. Auflage
Autor: Evert Kornmayer
277 Seiten . Hardcover . 21 x 15 cm
80 Bilder und 3 Abbildungen/Illustrationen (sw)
ISBN 978-3-9808785-2-4 . Preis: 14,95 €

KLASSISCHE & MODERNE REZEPTE AUS
HOLLAND

Über 500 Rezepte aus den Provinzen des grünen Landes an der Nordseeküste

Gehen Sie mit über 500 Rezepten auf eine kulinarische Reise durch die zwölf Provinzen der Niederlande. Köstliche Fischgerichte, feine Eintöpfe und andere Spezialitäten wie Matjes, Krabben, Muscheln, Frikandellen, Kroketties, Pfannkuchen, Gemüse, Kakao und Genever verwöhnen den Gaumen.

1. Auflage
Autoren: Horst Dolgner und Evert Kornmayer
520 Seiten . Hardcover . 21 x 15 cm
zahlreiche Bilder und Abbildungen/Illustrationen (sw)
ISBN 978-3-938173-01-5 . Preis: 19,95 €

KLASSISCHE & MODERNE REZEPTE AUS DER
BRETAGNE

Über 260 Rezepte aus dem Land der Crêpes und Artischocken, der Dolmen und Legenden im Nordwesten von Frankreich

„Artischocken mit Roquefort-Dip, Ente mit Honig und Cidre-Essig, Fisch-Ragout in Krebssauce, bretonisches Ratatouille - wem läuft da nicht das Wasser im Mund zusammen?" BERGSTRÄSSER ANZEIGER
Gewinner des „Gourmand World Cookbook Awards" in der Kategorie: »Best French Cuisine Book in the World«
3. Auflage
Autor: Evert Kornmayer
278 Seiten . Hardcover . 21 x 15 cm
69 Bilder und 34 Abbildungen/Illustrationen (sw)
ISBN 978-3-938173-00-8 . Preis: 14,95 €

KLASSISCHE & MODERNE REZEPTE AUS
MALTA

Über 200 Rezepte von den Inseln Malta, Gozo & Comino im Herzen des Mittelmeers

Bisher gibt es nur sehr wenige Kochbücher, die einen umfassenden Überblick über die Köstlichkeiten der maltesischen Küche vermitteln. Dieses Buch bietet eine Auswahl der beliebten Rezeptklassiker und moderne Interpretationen der Landesküche im wohlschmeckenden mediterranen Stil.
1. Auflage
Autor: Evert Kornmayer
198 Seiten . Hardcover . 21 x 15 cm
45 Bilder und 33 Abbildungen/Illustrationen (sw)
ISBN 978-3-9808785-5-5 . Preis: 12,95 €

KLASSISCHE & MODERNE REZEPTE AUS
NORDSPANIEN

Über 260 Rezepte aus den Küchen der nord-spanischen Provinzen Asturien, Navarra, Kantabrien, La Rioja, Galicien und dem Baskenland – Eine kulinarische Reise entlang des Jakobsweges.

Die kulinarische Welt des spanischen Nordwestens blieb bisher weitgehend unbeachtet und so wird dieses Buch zu einer einmaligen Quelle der authentischen Landesküche , in dem neben den traditionellen Gerichten der Provinzen auch jene zu finden sind, die sich bis in die heutige Zeit aus ihren Vorgängern weiterentwickelt haben..
1. Auflage
Autor: Christoph Kornmayer
348 Seiten . Hardcover . 21 x 15 cm
81 Bilder und 7 Abbildungen/Illustrationen (sw)
ISBN 978-3-938173-09-1 . Preis: 14,95 €

FISCHE DER ALGARVE

Ein kulinarischer Streifzug durch Markt und Küche

Während die Fische selbst keine Grenzen kennen, ist ihre Zubereitung immer stark lokal geprägt. Lernen Sie die wichtigsten Meeresbewohner des südwestlichen Europa und die Fischküche der Algarve jenseits von Cataplana und Thunfischsteak kennen: Dieses Buch ist ein unentbehrliches Vademecum für Ichthyophile und zögerliche Freunde des Speisefisches gleichermaßen. Gewinner des Gourmand World Cookbook Awards in der Kategorie „Bestes Fisch- und Seafood-Kochbuch".
2. dt. Auflage
Autoren: Nico Böer, Andrea Siebert
152 Seiten . Hardcover . 25 x 18 cm
zahlreiche Bilder und Abbildungen/Illustrationen
ISBN 978-3-938173-28-2 . Preis: 19,80 €

MIT GENUSS ZUM WUNSCHGEWICHT

Das Wakeup-Ernährungskonzept

Dieses Buch zeigt Ihnen Ihren Weg zum Wunschgewicht: Viele Informationen zur gesunden, ausgewogenen Ernährung, Warenkunde, praktische Tipps für die Umsetzung im Alltag und viele schmackhafte Rezepte für das Frühstück, für Vorspeisen & kleine Mahlzeiten, für Suppen & Eintöpfe, für Gemüsegerichte, für Hauptspeisen, für Nudelgerichte, Partyfood und Nachspeisen, für Saucen & Brotaufstriche, Backwaren und Getränke. Wakeup-Koch Kai Weidner achtete hier besonders auf die einfache Umsetzung der über 200 Rezepte.
Gewinner des Gourmand World Cookbook Awards in der Kategorie „Best Health and Nutrition Cookbook".
1. Auflage
Autorin: Marion Pisani
366 Seiten . Hardcover . 21 x 15 cm
352 Bilder und 7 Abbildungen/Illustrationen
ISBN 978-3-938173-21-3 . Preis: 22,95 €

MEINE FAMILIE ISST GESUND!

Koch- und Backrezepte auf mediterrane Art
Bei Milch- und Eiweißallergie

Die Autorin, Hepsen Karakuz, deren beide Kinder an einer Milch- und Hühnereiweiß-Allergie leiden, stellte sich erfolgreich der Herausforderung, leckere Speisen zu kreieren, die keine Allergie-auslösenden Bestandteile enthalten. Dass trotz einer solch gravierenden Lebensmittelallergie eine köstliche und vollwertige Küche möglich ist, zeigt dieses Kochbuch in exzellenter Weise.
1. Auflage
Autorin: Hepsen Karakuz
122 Seiten . Softcover . 21 x 15 cm
zahlreiche Bilder und Abbildungen/Illustrationen
ISBN 978-3-938173-25-1 . Preis: 12,95 €

FESTLICHE MENÜS FÜR 50 HOCHZEITSTAGE

Ganz besondere Menüs für die Jubiläumstage der Ehe

* *Das ultimative Kochbuch für Brautpaare & Ehejubilare*
* *Ein Kochbuch ganz besonderer Art für alle, bei denen die Liebe auch durch den Magen geht*
* *Köstliche Menüs für romantische Abende zu zweit oder Feste mit Freunden*
* *Die Menüs interpretieren die Namen und Symbole der Hochzeitstage*
* *Informationen zu Namen und Bräuchen an den Hochzeitstagen*
* *Menüs für über 50 Hochzeitstage mit mehr als 280 Rezepten*
* *Alle Rezepte sind einfach nachzukochen*
* *Große Übersicht der Hochzeitstage*
* *Register der Rezepte.*

2. Auflage
Autor: Evert Kornmayer
211 Seiten . Hardcover mit Schutzumschlag . 21 x 15 cm
352 Bilder und 7 Abbildungen/Illustrationen
ISBN 978-3-938173-16-9 . Preis: 19,95 €

WEINQUIZ

Das ultimative Weinquiz mit mehr als 1.000 Fragen aus 7 Fachgebieten

Die WEINQUIZ-CD des Diplom-Sommeliers Egon Mark enthält über 1.000 Fragen aus 7 verschiedenen Fachgebieten: allgemeines Weinwissen, Weingeschichte, internationale Weinwelt, Weinländer (Frankreich, Italien, Österreich, Deutschland). Zu jeder Frage gibt es eine Auswahl von 4 möglichen Antworten. Hilfreich und informativ sind dabei die Erklärungen, die Egon Mark jeder einzelnen Frage beigefügt hat.

2. Auflage
Autoren: Egon Mark
CD für den PC (Windows)
ISBN 978-3-938173-08-4 . Preis: 29,80 €

BONNEFOIT DEUTSCHLAND

Faszination Wein & Aromen
Die Vielfalt der Weinaromen auf professionelle Art entdecken, beschreiben und die passenden Speisen auswählen.

** Fundierte Aromenanalysen für Winzer.*
** Umfassendes Handbuch für Weinhändler.*
** Fein-Abstimmung von Wein & Speisen für Gastronome/Köche.*
** Exzellentes Kompendium für Sommeliers.*
** Unverzichtbares Nachschlagewerk für alle Weinfreunde.*
Gewinner des Gourmand World Cookbook Awards in der Kategorie "Best Book on European Wine".
1. Auflage
Autor: Guy Bonnefoit
832 Seiten . Hardcover im Schuber . 23 x 16 cm
ISBN 978-3-938173-27-5 . Preis: 49,90 €

Neuerscheinung im Herbst 2007:

BONNEFOIT FRANKREICH

Faszination Wein & Aromen
Die Vielfalt der Weinaromen auf professionelle Art entdecken, beschreiben und die passenden Speisen auswählen.

** Fundierte Aromenanalysen für Winzer.*
** Umfassendes Handbuch für Weinhändler.*
** Fein-Abstimmung von Wein & Speisen für Gastronome/Köche.*
** Exzellentes Kompendium für Sommeliers.*
** Unverzichtbares Nachschlagewerk für alle Weinfreunde.*
1. Auflage
Autor: Guy Bonnefoit
über 800 Seiten . Hardcover im Schuber . 23 x 16 cm
ISBN 978-3-938173-29-9 . Preis: 49,90 €